6주 완성 예배교육 프로젝트

소그룹 예배학교

손달익, 조주희 지음

한국장로교출판사

한국교회의 예배 갱신에 대한 열망은 어제 오늘의 이야기가 아닙니다. 그리하여 이에 따른 예배의 변화들이 여기저기서 감지되고 있는 것이 사실입니다. 이런 예배의 변화들이 예배 갱신을 위한 목적으로서 시도되고 있다는 점은 환영할 만한 일이지만 다른 측면에서는 예배의 본질을 제대로 담아내고 있는가에 대한 우려의 목소리도 적지 않습니다.

로버트 웨버(Robert E. Webber)는 「예배학」(*Worship－Old and New*)에서 개신교 공중예배에 대한 우려를 지적합니다. 그는 많은 개신교 그리스도인들이 공중예배가 별로 의미가 없다는 생각을 한다면서, 그들은 같은 것이 계속 반복되는 예배에서 지루함을 느끼고, 그에 따라 예배를 지나치게 꾸미려는 것을 걱정하고 있으며, 교인들을 즐겁게 해 주려는 의도적인 노력에 식상함을 느끼며, 지성이나 혹은 감정에만 지나치게 호소하는 데에 일말의 불안감마저 느낀다고 우려를 표명하고 있습니다.

이렇게 우려가 쏟아지는 가운데 무엇보다도 중요한 것은 예배에 대한 정확한 이해를 필요로 하고 있다는 점입니다. 진정한 의미에서의 예배의 갱신이 이루어지고, 새로운 예배의 시도가 바른길을 향해 가기 위해서는 예배에 대한 기본적인 이해 없이는 불가능하다는 점에서 그렇습니다. 따라서 교회 공동체의 모든 식구들이 예배의 기본적인 이해와 현재 이루어지는 예배에 대한 분명한 이해를 돕는 교재의 필요성을 느끼고 「소그룹 교리학교」에 이어 「소그룹 예배학교」를 내놓게 되었습니다. 「소그룹 교리학교」를 통해서 보다 견고한 교리에 대한 이해로 신앙을 세우는 노력과 그에 따른 열매를 누렸다면 「소그룹 예배학교」에서도 예수 그리스도께서 주시는 동일한 열매를 기대합니다.

이 일을 위하여 우리 서문교회와 성암교회가 교회적 나눔을 갖게 된 것을 매우 기뻐하며 함께 책을 출판해 주신 한국장로교출판사에 깊은 감사의 말씀을 드리며, 이 책의 집필을 위하여 함께 땀 흘린 서문교회와 성암교회의 부목사들에게도 감사한 마음을 드립니다.

2013년 5월

대한예수교장로회 제97회기 총회장

서문교회 **손달익** 목사

본 교재의 특징은 대그룹으로 교육하기보다는 소그룹을 통하여 예배를 익히도록 구성되어 있다는 것입니다. 따라서 이 교재는 다음의 두 가지 특징을 지닙니다. 첫째는 예배에 대해 신학적으로 심도 있게 다루기보다는 모두가 이 정도는 알아야 하겠다는 목표를 두고 아주 기초적인 내용을 다루고 있습니다. 둘째는 한 과의 분량이 한 주 모임을 통해서 한 과목을 충분히 다룰 수 있는 정도로 구성하였습니다. 리더가 소그룹을 통하여 내용을 충분히 다룰 수 있도록 구성되어 있어서 일부 성도들을 특별하게 무장시키기보다는 모든 교인들을 대상으로 참여하여 예배에 대한 이해와 열정을 담을 수 있는 교재입니다.

보다 효과적인 학습을 위해 이 책을 활용하는 데 필요한 몇 가지 방법을 알려 드립니다.

첫째, 이 책을 가지고 소그룹을 인도할 수 있는 리더를 양성하는 것이 중요합니다. 미리 학습을 시키고 적당한 테스트를 거쳐서 교재에 나온 내용을 숙지함으로 소그룹에서 인도자 역할을 할 수 있도록 무장시켜 주는 것이 효과적입니다. 따라서 소그룹 리더를 모아서 목회자가 3주에 걸쳐서 두 과씩 묶어서 교육하고, 마지막 주간에 예배에 대해 제대로 이해하고 있는지 알 수 있는 간단한 테스트가 필요합니다.

둘째, 소그룹 교재로 개발된 만큼 일방적으로 리더가 강의하는 방식이 아닌 서로 나누는 방식을 권장합니다. 소그룹의 특징인 다이내믹이 살아나서 예배에 대하여 서로의 이야기를 나눌 수 있는 환경을 만들 필요가 있습니다. 문제 형태로 교재가 구성되었으므로, 서로 답을 찾아가고 리더가 설명할 수 있는 부분은 설명하도록 하는 방식을 추천합니다.

셋째, 소그룹 편성에 있어서 모든 교우들이 참여할 수 있도록 모임 시간을 다양하게 설정할 필요가 있습니다. 특별히 6주간을 예배를 다루는 기간으로 선포하고 기존의 소그룹이 모이는 시간을 활용함과 동시에, 주말과 주일의 시간을 활용하여 모일 수 있는 길을 열어 줄 필요가 있습니다.

넷째, 따라서 소그룹 방식에 대한 간단한 안내가 필요합니다. “소그룹 예배학교” 리더 양성 교육과정을 통해서 리더로서의 소양을 갖추게 한 것과는 별도로 소그룹들이 모이기 전에 리더들을 모아 이미 익혔던 교재를 다시 한 번 확인해 주시고, 교재를 다루는 방식을 주지시킬 필요가 있습니다.

다섯째, 예배를 다루는 시간인 만큼 교재의 내용뿐 아니라 새로운 예배를 기획하여 예배하는 기회를 갖는다든지 그동안 기독교 역사 속에서 의미 있는 예배를 선택하여 재현해 본다든지 예배학자들을 초청하여 보다 심도 깊은 이해를 추구하는 등 다양한 방식을 사용하여 예배에 대한 보다 더 깊은 이해와 예배의 열정으로 무장시켜 주는 기회를 제공할 필요가 있습니다.

예배는 신앙의 핵심 중의 핵심입니다. 그런 의미에서 이번「소그룹 예배학교」를 통하여 예배에서 마땅히 세워져야 할 것들이 세워지고 하나님께서 원하시는 그리스도 중심적인 뜨거운 가슴으로 주 앞에 나아가는 예배가 세워지길 원하는 마음 간절합니다.

차 례

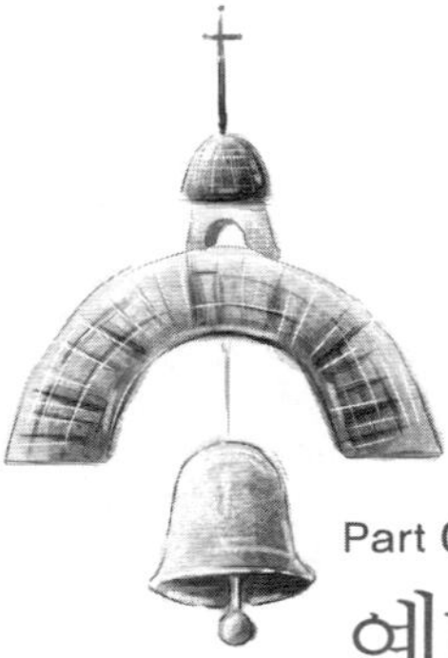

Part 01

예배, 무엇인가요?

시작하면서 |

예배를 드리면서 있었던 일들 중에서 가장 기억에 남는 사건이 있었다면 무엇입니까? 서로 나눠 봅시다.

터다지기

웨스트민스터 신앙고백 제21장을 보면 “예배와 안식일에 관하여” 다음과 같이 말하고 있습니다.

“자연은 하나님이 계시다는 것을 보여 준다. 그 하나님은 만물의 주가 되시고 통치권을 가지신다. 그는 선하시고 만물에 대하여 선을 행하신다. 그러므로 사람은 온 마음과 정성과 힘을 다하여 그를 경외하고 사랑하고 찬양하고 부르고 의지하고 섬겨야 한다(롬 1 : 20, 행 17 : 22, 시 119 : 68, 렘 10 : 7, 시 31 : 28, 18 : 3, 롬 10 : 12, 시 62 : 8, 수 24 : 14, 막 12 : 33).

그러나 참하나님을 예배하는 좋은 방법은 하나님 자신이 정해 주셨다. 하나님을 인간의 어떤 망상이나 의향에 따라서 예배하거나 또는 어떤 가견(可見)적인 물질을 사용하거나 성경에 기록되어 있지 않은(신 12 : 32, 마 15 : 9, 행 17 : 25, 마 4 : 9-10, 신 4 : 15-20, 출 20 : 4-6, 골 2 : 23) 어떤 방법을 통하여 사탄의 지시에 따라 예배하지 못하게 하기 위하여 하나님은 계시된 자기의 뜻에만 따라서 예배하도록 정하셨다.

우리가 드리는 예배의 대상은 전능하시고 거룩하신 하나님 한 분이다. 하나님 이외에 다른 것을 섬기면 그것은 참된 예배가 될 수 없다. 하나님은 절대적인 존재이며, 모든 피조물의 경배를 홀로 받기에 합당한 분이다. 따라서 언제 어느 곳에든지 우리가 드리는 예배의 전체 내용과 예배를 드리는 사람의 자세는 한결같이 하나님을 위한 그리고 하나님을 향한 것이 되어야 한다.

씨뿌리기

1. 다음 빈칸을 채우고 제시한 성경구절에서 그에 해당하는 내용에 밑줄을 그어 봅시다.

〈보기〉 ① 하나님 ② 임재 ③ 선언 ④ 백성 ⑤ 만남

• **예배는 (　　　　　)과 그의 (　　　　　) 간의 (　　　　　)입니다.**

"모세가 회막으로 나아갈 때에는 백성이 다 일어나 자기 장막 문에 서서 모세가 회막에 들어가기까지 바라보며 모세가 회막에 들어갈 때에 구름 기둥이 내려 회막 문에 서며 여호와께서 모세와 말씀하시니 모든 백성이 회막 문에 구름 기둥이 서 있는 것을 보고 다 일어나 각기 장막 문에 서서 예배하며"(출 33 : 8－10).

2. 다음 빈칸을 채우고 제시한 성경구절에서 그에 해당하는 내용에 밑줄을 그어 봅시다.

〈보기〉 ① 최고 ② 합당 ③ 가치

• **예배는 하나님의 이름에 (　　　)한 (　　　)의 (　　　)를 높여 드리는 것입니다.**

"여호와는 위대하시니 지극히 찬양할 것이요 모든 신들보다 경외할 것임이여"(시 96 : 4).

"여호와의 이름에 합당한 영광을 그에게 돌릴지어다 예물을 들고 그의 궁정에 들어갈지어다"(시 96 : 8).

3. 다음 빈칸을 채우고 제시한 성경구절에서 그에 해당하는 내용에 밑줄을 그어 봅시다.

〈보기〉 ① 영 ② 마음 ③ 진리 ④ 물질

• **참된 예배는 (　　　　)과 (　　　　)로 드리는 것입니다.**

“아버지께 참되게 예배하는 자들은 영과 진리로 예배할 때가 오나니 곧 이때라 아버지께서는 자기에게 이렇게 예배하는 자들을 찾으시느니라 하나님은 영이시니 예배하는 자가 영과 진리로 예배할지니라”(요 4 : 23－24).

“하나님의 성령으로 봉사하며 그리스도 예수로 자랑하고 육체를 신뢰하지 아니하는 우리가 곧 할례파라”(빌 3 : 3).

참고) 표준새번역, 현대인의성경, NIV는 빌립보서 3장 3절 ‘성령으로 봉사하며’라는 문구에서 ‘봉사’를 ‘예배하며’로 번역하고 있다.

알아봅시다

신학적인 의미에서 예배란 ‘최상의 존재에게 표하는 경의’라고 말할 수 있는데, 하나님을 하나님으로 인정하고, 하나님이 원하시는 방법과 뜻에 따라서 그분에게 합당한 영광과 경배와 찬양을 드리는 것을 말한다.
신약에서 예배를 의미하는 용어는 ‘프로스퀴네오’와 ‘라트레이아’인데 ‘프로스퀴네오’는 ‘입맞춘다’, ‘고개를 숙인다’, ‘절한다’라는 의미를 가지고 있으며 ‘라트레이아’는 종의 섬김과 봉사행위를 가리킨다. 이것에 상응하는 말은 ‘아바드’이다.
예배의 개념을 영어로는 두 가지로 표현할 수 있다. 첫째는 ‘Worship’이다. 이것은 참으로 가치 있는 것과 소중한 것을 그것을 받을 만한 분에게 드린다는 의미이다. 둘째는 ‘Service’이다. 하나님이 만물의 주가 되심을 인정하면서 온 마음과 정성과 힘을 다하여 그분을 경외하고 사랑하고 찬양하면서 섬기는 것을 의미한다.

4. 예배가 예수 그리스도 중심적이어야 하는 이유를 다음 구절에서 빈칸을 채우며 알아봅시다.

"이는 우리가 (   ) 전부터 바라던 그의 (   )의 (   )이 되게 하려 하심이라"(엡 1 : 12).

"시와 찬송과 신령한 노래들로 서로 화답하며 너희의 마음으로 (   ) 노래하며 찬송하며 범사에 우리 (   ) 항상 아버지 하나님께 감사하며"(엡 5 : 19 – 21).

5. 위의 내용을 근거로 하여 예배에 대한 설명의 빈칸을 보기에서 선택해 보십시오.

> **우리가 드려야 할 예배는 주님이 (   ) 모두 모여서 그리스도를 통하여 주신 (   )을 깨닫고, 감격하여 (   )을 듣고, (   )을 가졌던 그 예배를 계승하는 것이다.**

〈보기〉 ① 구원의 은총 ② 성례전 ③ 부활하신 날 ④ 말씀

뿌리 내리기

예배, 최고로 행복한 순간

체코슬로바키아가 공산주의 통치하에 있을 때에 요셉 케이보라는 사람이 살았습니다. 그의 아버지는 학교에서 공산주의를 가르치는 교사였습니다. 그러나 어머니는 독실한 크리스천이었습니다. 어릴 때 그는 주일 아침이면 3시간 동안 기차를 타고 프라하로 갔습니다. 예배를 드리기 위해서입니다. 교회에 가서 2시간 30분 동안 예배를 드리고, 예배를 마치면 공원에서 점심을 먹었습니다. 점심을 먹은 후에 다시 2시간 30분의 예배를 드리기 위해 교회로 갑니다. 그리고 예배가 끝나면 3시간 걸려서 다시 집으로 돌아왔다고 합니다. 이렇게 많은 시간과 힘을 쏟아야 그는 예배를 드릴 수가 있었습니다. 그에게는 일주일에 한 번 예배를 드리는 것이 이처럼 소중한 일이었던 것입니다.

이처럼 한 번의 예배가 소중합니다. 한 번의 예배를 위해서 엄청난 대가를 지불하더라도 예배의 성공자가 되어야 합니다. 시편 기자는 "사람이 내게 말하기를 여호와의 집에 올라가자 할 때에 내가 기뻐하였도다"라고 말합니다. 예루살렘에 올라가기를 즐겨해야 합니다. 즉, 예배드리기를 기뻐해야 합니다.

그렇습니다. 우리가 최고로 행복한 순간이 하나님께 예배드릴 때가 되어야 합니다. 아니 진정한 그리스도인은 하나님 앞에 예배를 드리는 순간이 최고의 행복을 누리는 순간입니다. 예배야말로 최고의 행복이요 가치이기 때문입니다. 하나님은 오늘도 신령과 진정으로 예배하는 사람들을 찾고 계십니다.

열매거두기

* 예배는 하나님과 그의 백성 간의 만남입니다.
* 예배는 하나님의 이름에 합당한 최고의 가치를 높여 드리는 것입니다.
* 참된 예배는 영과 진리로 드리는 것입니다.
* 신약에서 예배를 의미하는 용어로는 '프로스퀴네오' 와 '라트레이아' 가 있습니다.
* '프로스퀴네오' 는 '입맞춘다', '고개를 숙인다', '절한다' 라는 의미를 가지고 있습니다.
* '라트레이아' 는 종의 섬김과 봉사행위를 가리킵니다.
* 예배는 예수 중심적이어야 합니다.
* 우리가 드려야 할 예배는 그리스도를 통하여 주신 구원의 은총을 깨닫고, 감격하여 말씀을 듣고, 성례전을 가졌던 그 예배를 계승하는 것입니다.

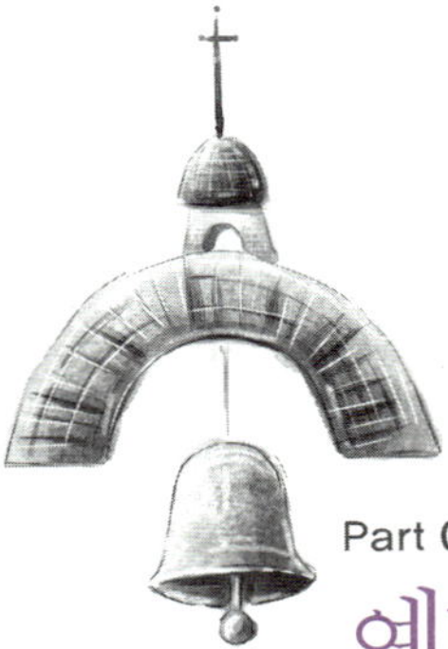

Part 02

예배자, 당신입니다

시작하면서 |

내가 생각하는 예배자는 어떤 모습인지 같이 이야기해 봅시다. 또한 나를 감동시킨 예배자의 모습이 있었다면 함께 나눠 봅시다.

터다지기

우리가 보통 '예배하다' 라고 할 때에 '예배하다' 라는 표현은 인격을 가진 상대방과의 만남을 전제로 합니다. 그러므로 우리가 예배를 하러 교회에 갈 때에 그 궁극적인 최상의 목적은 살아 계신 하나님과의 만남을 통한 교제(fellowship)에 있는 것입니다. 만남의 교제가 없는 예배는 종교적인 행위에 지나지 않으며 우리가 갖는 이웃과의 만남은 사회적인 활동(social activity)에 지나지 않습니다.

이러한 면에서 볼 때 하나님과 만나는 직접 경험은 온전히 예배할 때만 가능하며, 이는 우리를 향한 하나님의 놀라운 은총으로 해석할 수 있습니다.

성경 전체의 흐름을 통해서 볼 때, 하나님께서 우리와 함께 교제하기를 원하실 때 우리에게 먼저 거룩에 대하여 가르치셨음을 볼 수 있습니다. 그것은 하나님의 백성이 거룩하지 않고서는 하나님을 전혀 가까이할 수 없음을 시사해 줍니다. 그 이유는 다음과 같이 요약할 수 있습니다.

첫째, 우리가 예배하는 분은 거룩하시다 – 성부

둘째, 우리들의 예배의 통로가 되시는 분은 거룩하시다 – 성자

셋째, 우리가 드리는 예배 안에 역사하시는 분은 거룩하시다 – 성령

넷째, 우리 자신이 온전한 예배를 경험하기 위해서는 거룩하여야 한다 – 예배자

씨 뿌리기

01. 하나님이 찾으시는 예배자

다음 빈칸을 채우고 하나님이 찾으시는 예배자의 모습을 적어 봅시다.

1. 구약 : ( )의 예배자, ( )을 드리는 예배자

"하나님께서 구하시는 제사는 ( )이라 하나님이여 상하고 통회하는 마음을 주께서 멸시하지 아니하시리이다"(시 51 : 17).

"다윗이 가서 하나님의 궤를 ( )으로 메고 오벧에돔의 집에서 다윗 성

으로 올라갈새 여호와의 궤를 멘 사람들이 여섯 걸음을 가매 다윗이 소와 살진 송아지로 제사를 드리고 다윗이 여호와 앞에서 힘을 다하여 춤을 추는데 그때에 다윗이 베 에봇을 입었더라 다윗과 온 이스라엘 족속이 즐거이 환호하며 나팔을 불고 여호와의 궤를 메어오니라"(삼하 6 : 12－15).

2. 신약 : 형식과 함께 ( )을 드리는 예배자

"화 있을진저 너희 바리새인이여 너희가 박하와 운향과 모든 채소의 십일조는 드리되 공의와 ( )은 버리는도다 그러나 이것도 행하고 저것도 버리지 말아야 할지니라"(눅 11 : 42).

02. 온전한 예배자의 모습

1. 예배자는 ( )이 있어야 합니다.

"아브라함은 시험을 받을 때에 ( )으로 이삭을 드렸으니 그는 약속들을 받은 자로되 그 외아들을 드렸느니라 그에게 이미 말씀하시기를 네 자손이라 칭할 자는 이삭으로 말미암으리라 하셨으니 그가 하나님이 능히 이삭을 죽은 자 가운데서 다시 살리실 줄로 생각한지라 비유컨대 그를 죽은 자 가운데서 도로 받은 것이니라"(히 11 : 17－19).

2. 예배자는 ( ) 중심적이어야 합니다.

예배는 우리들이 하나님의 인격과 그의 사역을 찬양하고 찬송하면서 하나님께 영광돌리는 하나님과의 인격적 만남이다.

－R. E. 웨버, 「예배학」 중에서

3. 예배자는 (　　　　　　) 중심적이어야 합니다.

예배는 그의 구속사역 때문에 성부의 영원한 찬양이 되시는 예수 그리스도 안에서 그리고 예수 그리스도를 통하여 이루어진다.

－R. E. 웨버, 「예배학」 중에서

“이는 우리가 그리스도 안에서 전부터 바라던 그의 영광의 찬송이 되게 하려 하심이라”(엡 1 : 12).

4. 예배자는 (　　　　)의 이끄심을 따릅니다.

“베드로가 이 말을 할 때에 성령이 말씀 듣는 모든 사람에게 내려오시니 베드로와 함께 온 할례 받은 신자들이 이방인들에게도 성령 부어 주심으로 말미암아 놀라니 이는 방언을 말하며 하나님 높임을 들음이러라”(행 10 : 44－46).

5. “나는 어떤 예배자일까요? 다음 글을 읽고 자신의 생각을 서로 나누어 봅시다.

오늘 당신에게 예배에 대한 갈망이 있다면 미루지 말고 결단하라. 차가운 마음을 버려라. 미지근한 신앙에서 탈피하라. 무기력한 삶에서 벗어나라.

회개하고 하나님의 얼굴을 구하라. 모든 것을 다 바쳐서 하나님을 사랑하라. 그리하면 하나님이 찾아와 당신 안에 충만히 거하실 것이다. 당신을 두 팔로 안아 주실 것이다.

– A.W. 토저, 「이것이 예배이다」 중에서

알아봅시다

거룩함에 대한 오해 풀기

때로 우리는 "내가 거룩하니 너희도 거룩하라"는 주님의 말씀을 부담스럽게 여기기도 한다. 그 이유는 첫째, 하나님의 거룩함을 삶에서 경험하지 못하고, 거룩함에 대한 개념만 남았기 때문이다. 둘째, 거룩함이 세상으로부터 분리됨이라고 생각하기 때문이다. 셋째, 거룩함의 의미를 진부한 종교적인 단어로 받아들이기 때문이다.

하나님의 거룩함은 우리를 거룩하게 하기 위해 다스리시는 하나님이 우리를 축복의 통로로 세우려 하는 사랑의 손길이다. 성경은 하나님을 사랑하는 최상의 방법을 가장 큰 계명을 통해 분명하게 말한다. 그것은 마음을 다하고, 목숨을 다하고, 뜻을 다하고, 힘을 다하여 하나님을 사랑하는 것이다. 거룩함의 진정한 열매는 사랑이며, 사랑의 진정한 열매는 예배이다.

03. 예배자의 삶

1. 예배자의 삶은 하나님의 말씀에 대한 (   )입니다.

"그러므로 예물을 제단에 드리려다가 거기서 네 형제에게 원망들을 만한 일이 있는 것이 생각나거든 예물을 제단 앞에 두고 (   ) 형제와 화목하고 그 후에 와서 예물을 드리라"(마 5 : 23 – 24).

2. 예배자의 삶이 곧 (   )가 되어야 합니다.

"그러므로 형제들아 내가 하나님의 모든 자비하심으로 너희를 권하노니 너희 몸을 하나님이 기뻐하시는 거룩한 (   )로 드리라 이는 너희가 드릴 영적 예배니라"(롬 12 : 1, 참고 - 히 13 : 16).

알아봅시다

온전한 예배의 3단계

* 감사 = 온전한 예배를 위한 기초(foundation)
* 찬양 = 온전한 예배를 위한 다리(bridge)
* 경배 = 온전한 예배를 위한 핵심(heart)

우리가 드리는 예배가 삶이 되며 그 삶이 예배가 되기 위해서는 그 드리는 예배가 온전한 예배가 되어야 한다. 그렇지 않고서는 우리는 하나의 종교인으로 전락해 버릴 것이다. 예수 그리스도의 제자는 먼저 예배자가 되어야 한다. 그렇게 될 때 제자로서의 사명을 감당함에 있어 세상에 물들지 않고 복음으로 세상을 이기며 변화시켜 갈 수 있는 하나님의 사람으로 성숙해 갈 수 있다.

뿌리 내리기

예배의 자세

보스턴 지역에서 A. J. 골든 목사라고 하면 유명한 설교가요, 능력 있는 말씀의 사도로서 모르는 사람이 없었습니다. 그는 큰 교회 담임목사였기에 설교만으로도 많은 시간을 보내야 했습니다. 어느 날 그는 교회 사무실에서 힘들여 설교를 준비하다가 피곤하여 그만 책상에 엎드려 깜박 잠든 사이 꿈을 꾸게 되었습니다.

꿈속에서도 주일이 되어 교회는 의자가 모자랄 정도로 많은 사람들이 예배를 드리기 위해서 앉아 있었습니다. 그런데 그 교인들 가운데 30세 정도의 낯선 사람에게 왠지 모르게 시선이 끌렸습니다. 그래서 그는 예배가 끝나자 그 낯선 사람을 만나 보고 싶었습니다. 교인들과 인사를 나누고 모두 다 교회 밖으로 나가버렸는데, 그 낯선 사람이 보이지를 않았습니다. 골든 목사는 안내위원들에게 그 낯선 사람을 아느냐고 물어보았습니다. 그랬더니 그 안내위원이 하는 말이 "아, 그 사람이요? 알고 말구요. 그 사람은 예수라고 하는 사람입니다."라고 답하는 것입니다. 그 바람에 깜짝 놀라 깨어 보니 꿈이었습니다.

그 다음부터 골든 목사님은 회중 가운데 예수님께서 오셔서 앉아 계신다고 믿고 설교를 했습니다. 교인들도 예수님이 우리와 함께, 우리의 중심에 모신 것으로 알고 생활했습니다. 교회는 능력 있게 부흥했고, 많은 선교사업을 하는 교회가 되었습니다.

열매거두기

* 예배자는 상한 심령으로 하나님을 예배하는 사람입니다.
* 예배자는 기쁨을 드리는 사람입니다.
* 예배자는 형식과 함께 하나님께 대한 사랑을 드리는 사람입니다.
* 예배자는 믿음이 있어야 합니다.
* 예배자는 하나님 중심적이어야 합니다.
* 예배자는 예수님 중심적이어야 합니다.
* 예배자는 성령의 이끄심을 따릅니다.
* 예배자의 삶은 하나님의 말씀에 대한 적용입니다.
* 예배자의 삶이 곧 참된 예배가 되어야 합니다.

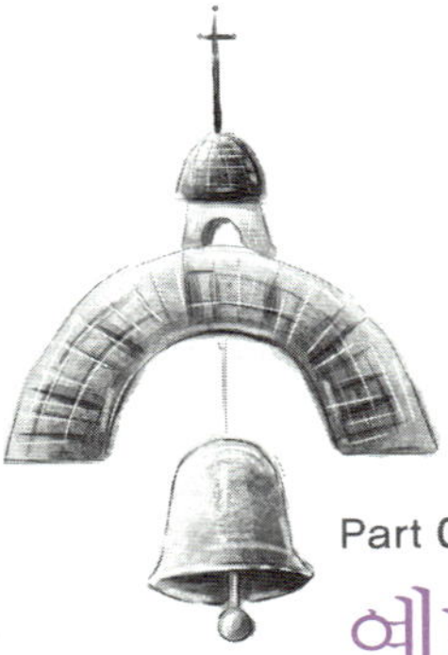

Part 03

예배의 요소(1), 어떻게 예배할까요?

시작하면서 |

예배를 드리기 전 “이렇게 예배를 준비하니 참 좋더라.” 하는 자신이 가지고 있는 예배 전 준비 노하우를 서로 나눠 봅시다.

터다지기

「기독교강요」 4권 18장에서 칼빈은 교회의 ‘감사제물’ (thank offering)에 대하여 다음과 같이 말하고 있습니다.

“우리가 감사제물이라고 한 둘째 종류에는 우리의 기도와 찬양과 감사와 우리가 하나님에게 드리는 모든 예배행위가 포함된다. 최종적으로 이 모든 일은 우리의 영혼과 몸을 하나님의 성전으로 거룩하게 구별하는 더 큰 제사에 의존한다(고전 3 : 16, 기타). 외적인 행동으로 하나님을 섬기는 것만으로는 충분하지 않기 때문이다. 우리는 먼저 우리 자신을 거룩하게 구별해서 하나님에게 드림으로써, 우리 안에 있는 모든 것이 하나님의 영광에 이바지하여 그 영광을 더욱 나타내기를 열망하도록 해야 한다."
이처럼 예배는 외적인 모든 예배의 행위에 우리 자신을 거룩하게 구별하여 드리고, 자신을 하나님 앞에 온전히 내어놓는 것으로 표현되어야 합니다. 이는 그리스도 예수 안에서 하나님께서 자기를 주심에 대한 예배자의 응답이요, 하나님께서 받으시는 거룩한 산 제물이며 하나님이 기뻐하시는 영적 예배이기 때문입니다. 성경은 우리에게 다음과 같이 말씀합니다.
"그러므로 형제들아 내가 하나님의 모든 자비하심으로 너희를 권하노니 너희 몸을 하나님이 기뻐하시는 거룩한 산 제물로 드리라 이는 너희가 드릴 영적 예배니라"(롬 12 : 1).

씨 뿌리기

1. 예배의 첫머리에서 중요한 몫을 담당하는 것이 오르간 전주입니다. 예배가 시작될 무렵 오르가니스트가 오르간 전주를 하는 이유는 무엇입니까?

① 예배의 시작을 기다리면서 시간을 채우기 위해
② 예배 전 어수선한 분위기를 수습하기 위해
③ 오르가니스트의 연주를 감상하기 위해
④ 하나님께 드려지는 경건한 음악 속에서 자신의 마음을 정리하고 조용히 기도하며 예배를 준비하기 위해

2. (　　　　)이란 회중들에게 예배가 시작된다는 것을 선포하는 것으로 예배인도자와 찬양대가 찬송을 부르면서 입장한다. 괄호 안에 들어갈 적당한 단어를 찾아보십시오.

① 입례송　② 응답송　③ 영광송　④ 경배의 찬송

3. 예배의 부름에 관한 내용입니다. 다음 내용을 읽어 보십시오.

예배의 부름은 예배인도자가 자신의 말을 하지 않고 성경에 기록된 하나님의 말씀을 회중들에게 들려주는 시간이다. 이것은 예배의 주도권이 인간에게 있는 것이 아니라 하나님에게 있는 것을 알리기 위함이다. 이때 회중들은 숭고한 말씀 앞에 자신의 고개를 숙이면서 자세를 가다듬는다.

이 내용에 의하면 예배의 부름에서 성구낭독을 하는 이유는 무엇입니까?

성구낭독을 할 때 말씀 앞에서 회중들은 어떤 자세를 가져야 합니까?

---

4. 하나님의 말씀을 낭독하고 나서 찬양대가 성삼위 하나님의 영광을 노래하며, 회중들의 마음을 예배로 모으는 것을 무엇이라고 합니까?

① 입례송　② 송영(=응답송)　③ 영광송　④ 경배의 찬송

5. 아래의 진술 중에서 기원에 대한 성격으로 맞는 것을 찾아보십시오.

① 치유를 위한 중보기도이다.

② 하나님의 높으신 경륜을 감사하면서 성령님의 역사로 하나님의 영광이 나타나기만을 구하는 짧은 형식의 기도이다.

③ 회중들의 형편이나 사정을 아뢰는 간구의 성격을 가지고 있다.

④ 스스로의 죄를 참회하는 성격을 가지고 있다.

6. 경배의 찬송 순서에 대한 내용입니다. 맞으면 ○, 틀리면 × 표 하십시오.

> 영과 진리로 예배하라고 말씀하시는 주님 앞에 회중들이 일어서서 응답하고 그 하나님을 찬양하는 순서이다. (　　)
>
> 이때 주로 부를 수 있는 찬송은 하나님을 향하여 드리는 경배와 찬양의 뜻이 담긴 예배 찬송이다. (　　)

알아봅시다

대표 기도자의 자세

첫째, 성도들의 삶의 형편이 어떤지를 파악하면 가슴에 와 닿는 효과적인 기도를 드릴 수 있다. 그러므로 대표 기도자는 성도들의 관심이 무엇인지, 필요가 무엇인지 살피는 것이 필요하다. 그럴 때 성도들은 그 기도를 자신의 기도로 알고 반응하게 된다.
둘째, 대표기도가 동일한 표현을 자주 사용하거나 내용이 지나치게 길어지면 성도들은 지루한 반응을 보이고 쉽게 잡념에 빠져든다. 그러므로 판에 박힌 표현이나 흔한 표현을 피하고 간결하게 하며 권장할 만한 분량은 3분 이내가 좋다.
셋째, 기도문은 작성하는 편이 좋으며 즉흥적인 기도는 자칫 회중들의 마음을 상하게 하거나 중언부언할 수 있으므로 되도록 기도문을 작성하여 기도하는 것이 좋다.

7. 하나님을 예배하는 교회가 예배 때마다 삼위일체 하나님을 믿는 동일한 믿음을 고백하는 순서가 있는데 이것을 무엇이라고 합니까?

---

8. 다음 내용은 무엇에 관한 설명입니까?

초대교회는 오늘날과 같이 찬송이 없었고 대신에 운율을 사용하여 시편을 찬송으로 불렀다. 그러나 16세기 이후로 찬송이 나오면서 시편송은 회중들에게 외면당하였다. 그러나 어느 시점에 와서 시편의 소중함을 간직해야 한다는 운동이 일어나게 되었고 결국 교회는 시편 교독으로 초대교회의 전통을 이어 가게 되었다.

① 응답의 찬송 ② 평화의 인사 ③ 성시교독 ④ 경배의 찬송

9. 참회의 기도는 하나님의 거룩한 존전에 서 있는 실존으로서 부끄러운 자아의 모습을 내놓고 거기에 하나님의 용서와 임재를 간구하는 예배하는 공동체의 고백이다. 아래 시편 66 : 17~18 말씀을 읽고 물음에 답해 보십시오.

"내가 나의 입으로 그에게 부르짖으며 나의 혀로 높이 찬송하였도다 내가 나의 마음에 죄악을 품었더라면 주께서 듣지 아니하시리라"

주님은 예배자가 어떤 모습으로 그 앞에 나아오기를 바라고 계십니까?

---

10. 목회기도란 무엇인지 그 내용을 읽고 다음 질문에 답해 보십시오.

목회기도는 하나님의 백성들을 위탁받아 섬기고 살피는 책임을 가진 목양자로서의 기도이다. 기도의 내용은 삶의 모든 상황에서 발생된 죄와 모순의 용서를 구함은 물론 이 세계가 겪는 모든 고통으로부터의 해방을 간구하는 것으로 채워진다. 현재 우리나라에서는 대표기도라는 이름으로 장로들이 오래 전부터 이 순서를 담당하고 있다.

목회기도는 어떤 내용을 담고 있습니까?

뿌리 내리기

예배 지각

주기철 목사님이 오산학교에 다니던 시절, 조만식 장로님은 그 학교 교장이자, 주기철 목사님이 전도사로 시무하던 교회의 시무장로였습니다. 어느 주일에 장로님은 손님과 이야기를 나누다가 예배 시간에 늦고 말았는데, 이 광경을 보게 된 주 전도사가 설교를 중단하고 장로님을 이렇게 꾸짖습니다.

"장로님, 오늘은 자리에 앉지 마시고 선 채로 예배를 드리십시오."

보통사람 같았으면 얼굴을 붉히고 나가던가, 자리에 앉아서 불쾌한 감정을 드러냈을 것입니다. 하지만 조만식 장로님은 시키는 대로 서서 예배를 드렸습니다. 설교를 마친 주 전도사는 조 장로께 기도해 주실 것을 부탁드렸고 조 장로님은 다음과 같은 내용의 기도를 주님께 드렸다고 합니다. "주님, 저의 죄를 용서해 주옵소서. 거룩한 주일, 주님 만나는 것보다 사람 만나는 것을 더 중하게 여겼던 죄를 용서해 주옵소서."

열매거두기

* 오르간 전주

- 예배자가 하나님 앞에서 각자 마음을 정리하고 조용히 기도하는 시간입니다.

* 입례송

- 회중들에게 예배가 시작된다는 것을 선포하는 것으로 예배담당자와 찬양대가 찬송을 부르면서 입장합니다.

* 예배의 부름

- 예배인도자가 자신의 말을 하지 않고 성경에 기록된 하나님의 말씀을 회중들에게 들려주는 시간입니다.
- 예배의 주도권이 인간에게 있는 것이 아니라 하나님에게 있습니다.
- 회중들은 숭고한 말씀 앞에 자신의 고개를 숙이면서 자세를 가다듬습니다.

* 송영(응답송)

- 하나님의 말씀을 낭독하고 나서 찬양대가 성삼위 하나님의 영광을 노래하며 회중들의 마음이 예배로 모으는 것입니다.

* 기원

- 하나님의 높으신 경륜을 감사하면서 성령님의 역사로 하나님의 영광이 나타나기만을 구하는 짧은 형식의 기도입니다.

* 경배의 찬송

- 영과 진리로 예배하라고 말씀하시는 주님 앞에 회중들이 일어서서 응답하고 그 하나님을 찬양하는 순서입니다.
- 이때 주로 부를 수 있는 찬송은 하나님을 향하여 드리는 경배와 찬양의 뜻이 담긴 예배찬송입니다.

* 신앙고백

- 하나님을 예배하는 교회가 예배 때마다 삼위일체 하나님을 믿는 동일한 믿음을 고백하는 순서입니다.

* 성시교독

- 초대교회는 오늘날과 같이 찬송이 없었고 대신에 운율을 사용하여 시편을 찬송으로 불렀습니다.
- 16세기 이후로 찬송이 나오면서 시편송은 회중들에게 외면당하였습니다.
- 어느 시점에 와서 시편의 소중함을 간직해야 한다는 운동이 일어나게 되었고 결국 교회는 시편 교독으로 초대교회의 전통을 이어 가게 되었습니다.

* 참회의 기도

– 하나님의 거룩한 존전에 서 있는 실존으로서 부끄러운 자아의 모습을 내놓고 거기에 하나님의 용서와 임재를 간구하는 시간입니다.

* 목회기도

– 하나님의 백성들을 위탁받아 섬기고 살피는 책임을 가진 목양자로서의 기도입니다.

– 기도의 내용은 삶의 모든 상황에서 발생된 죄와 모순의 용서를 구함은 물론 이 세계가 겪는 모든 고통으로부터의 해방을 간구하는 것으로 채워집니다.

– 현재 우리나라에서는 대표기도라는 이름으로 장로들이 오래 전부터 이 순서를 담당하고 있습니다.

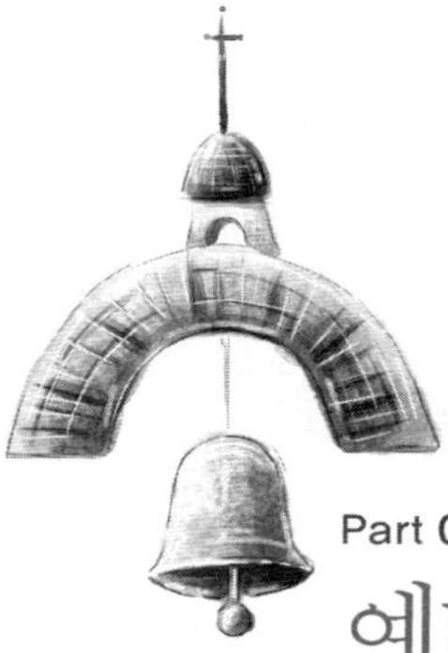

Part 04

예배의 요소(2), 어떻게 예배할까요?

시작하면서 |

다음은 은혜롭지 못한 예배자의 유형입니다. 수면파, 초조파, 채팅파, 열독파, 동아리파, 서당파, 분석파, 콩밭파, 패션파, 편식파 등입니다. 이 유형들 중에서 나에게 해당되는 항목이 있다면, 어떤 것이 있는지 서로 나눠 봅시다.

터다지기

루터는 종종 프로테스탄트 설교의 아버지라고 불립니다. 그 이유는 루터가 그리스도인들이 예배를 드리기 위하여 모일 때마다 언제나 설교를 하여야 한다고 강조하였고, 이러한 주장과 함께 설교를 목회사역뿐만 아니라 예배에 있어서 중요한 핵심 요소로 확실하게 만들었기 때문입니다. 그리고 루터는 하나님의 말씀을 설교하고 가르치는 것은 예배에 가장 중요한 부분이기 때문에 회중이 해석된 하나님의 말씀을 듣는 것은 중요하다고 강조하였습니다.

하나님께서 예배를 통하여 성도들에게 가장 분명하고 풍부하게 응답해 주시는 것은 무엇보다 말씀을 통해서입니다. 개신교 예배가 종교개혁 당시부터 가장 강조한 대목이 바로 이 말씀의 선포입니다.

말씀은 예배에서 두 가지 형태의 순서로 나눕니다. 하나는 기록된 하나님의 말씀을 봉독하는 것과 또 하나는 설교자를 통한 하나님 말씀의 선포와 해석, 그리고 적용입니다.

씨 뿌리기

01. 하나님께서 말씀하심

첫째, 성경봉독입니다.

1. 다음은 성경봉독자에 대한 자세입니다. 다음 질문에 맞으면 ○, 틀리면 × 표시를 하십시오.

성경봉독 전에 준비된 성경봉독이 되도록 정확한 발음을 위하여 반복하여 읽어 온다. (　　)
성경봉독 시 성경을 단순한 글이 아니라 하나님의 말씀으로 읽는다. (　　)

2. 느헤미야 8 : 5~8 말씀을 읽고, 하나님의 말씀을 받는 백성들의 자세를 적어 봅시다.

"에스라가 모든 백성 위에 서서 그들 목전에 책을 펴니 책을 펼 때에 모든 백성이 일어서니라 에스라가 위대하신 하나님 여호와를 송축하매 모든 백성이 손을 들고 아멘 아멘 하고 응답하고 몸을 굽혀 얼굴을 땅에 대고 여호와께 경배하니라"(느 8 : 5-6).

5절 : --

6절 : --

6절 : --

알아봅시다

예배 시에 하나님의 말씀을 읽는 것은 시내 산에서의 이스라엘 백성들의 예배에서 그 기원을 찾을 수 있다. 그러나 하나님의 말씀을 유대인의 예배, 특히 회당예배에서 중심적인 자리에 놓이게 만든 것은 에스라 때부터이다.

둘째, 말씀 선포(설교)입니다.

1. 사도행전 2 : 14~18 말씀을 읽고, 물음에 답해 봅시다.

"베드로가 열한 사도와 함께 서서 소리를 높여 이르되 유대인들과 예루살렘에 사는 모든 사람들아 이 일을 너희로 알게 할 것이니 내 말에 귀를 기울이라 때가 제 삼 시니 너희 생각과 같이 이 사람들이 취한 것이 아니라 이는 곧 선지자 요엘을 통하여 말씀하신 것이니 일렀으되 하나님이 말씀하시기를 말세에 내가 내 영을 모든 육체에 부어 주리니 너희의 자녀들은 예언할 것이요 너희의 젊은이들은 환상을 보고 너희의 늙은이들은 꿈을 꾸리라 그때에 내가 내 영을 내 남종과 여종들에게 부어 주리니 그들이 예언할 것이요"(행 2 : 14－18).

사도 베드로가 하나님의 말씀을 전할 때 인용한 말씀은 어디입니까?(행 2 : 17－18)

사도 베드로가 그 인용한 말씀을 가지고 하나님의 말씀을 전했습니다. 그 이유는 무엇입니까?(행 2 : 1－13)

---

2. 다음은 회중들이 하나님의 말씀을 듣는 자세를 말해 줍니다. 다음 질문에 맞으면 ○, 틀리면 × 표시를 하십시오.

설교를 들을 준비가 됨 ( )
말씀을 그대로 수용함 ( )
설교자를 보지 않고 하나님을 바라봄 ( )
설교자를 위해서 기도함 ( )

알아봅시다

말씀 선포(설교)는 성경봉독한 하나님의 말씀을 현대의 언어로 회중들에게 다시 해석해 주고, 그들의 생활 속에 구체적으로 현장화시키는 것을 주목적으로 해 왔다. 그래서 말씀 선포(설교)란 기록된 하나님 말씀의 선포이고 해석이며 적용이다. 말씀이 설교자를 통하여 나오기에 거기에는 설교자의 인간적인 요소가 적지 않게 내포된다. 그러므로 회중은 설교 가운데 나타난 설교자의 인간적인 요소를 스스로 배제하고 하나님이 그 설교 속에서 자신에게 주시는 메시지를 경청과 함께 결단을 내리는 것이 필요하다.

01. 회중이 하나님께 응답함

첫째, 봉헌입니다.

1. 빈칸에 들어갈 말씀을 적어 봅시다.

"(   )로 제사를 드리는 자가 나를 영화롭게 하나니 그의 행위를 옳게 하는 자에게 내가 하나님의 구원을 보이리라"(시 50 : 23).

2. 사도 바울은 봉헌할 때 하나님은 즐겨내는 자를 사랑하시므로 어떤 식으로 하지 말 것을 당부하였습니까?(고후 9 : 7)

---

3. 다음은 봉헌의 의미입니다. 들어갈 말을 찾아 번호를 적어 봅시다.

① 만인 제사장설　② 나의 뜻　③ 응답
④ 자신　⑤ 영적

봉헌은 용서를 구하거나 하나님의 노여움을 풀게 하는 행위가 아니며 또 (　　　)을 이루기 위하여 바치는 물질도 아니다.

봉헌은 실질적으로 (　　　)을 드리는 상징이다.

봉헌은 (　　)의 이론대로 직접 하나님께 예물을 드리는 행위이다.

봉헌은 하나님을 향한 인간의 (　　)으로서 하나님께 인간이 수고한 결실을 드리는 예전이다.

봉헌은 (　　)인 것과 물질적인 것이 함께 내포되어 있다. 하나님께 감사하고 찬양하는 영적인 것과 이웃을 돕고 하나님의 나라가 퍼져 나가는 데 쓰는 물질로 바쳐진 것이다.

알아봅시다

봉헌의 의미는 역사적으로 예물의 드림만을 뜻하는 것이 아니라 원칙적으로 하나님의 은총 앞에 성도들이 드리는 응답적 행위를 총칭하는 말이다. 봉헌은 하나님의 말씀이 선포될 때 정성을 다하여 경청한 무리들이 스스로 우러나는 감사의 응답으로 내어놓는 모든 마음과 정성의 표현이다.

둘째, 찬양대의 찬양입니다.

역대상 25 : 1 말씀을 읽고, 다음 물음에 답해 봅시다.

"다윗이 군대 지휘관들과 더불어 아삽과 헤만과 여두둔의 자손 중에서 구별하여 섬기게 하되 수금과 비파와 제금을 잡아 신령한 노래를 하게 하였으니 그 직무대로 일하는 자의 수효는 이러하니라"(대상 25 : 1).

1. 다윗은 찬송을 맡은 사람들을 누구의 자손 중에서 구별하여 섬기게 하였습니까?(참고 - 대상 6 : 33, 39, 44)

---

2. 다윗은 찬송을 맡은 사람들이 어떠한 도구를 사용하여 신령한 노래를 하도록 하였습니까?

알아봅시다

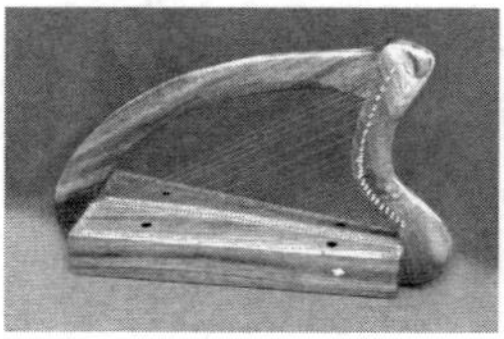

수금

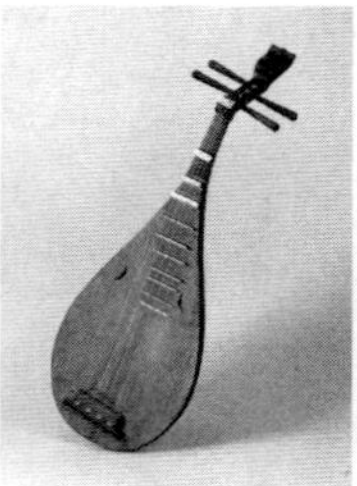

비파

제금

셋째, 설교 후 찬양입니다.

1. 다음은 설교 후 찬양의 의미가 담겨져 있습니다. 해당하는 것을 모두 찾아

적어 봅시다.

① 경배 ② 응답 ③ 결단 ④ 중보 ⑤ 감사

03. 축도(강복선언)

1. 다음 성경구절 중에 강복선언에 대한 말씀을 찾아 번호를 적어 봅시다.

① 민수기 6 : 24~26 ② 마태복음 6 : 9~13

③ 잠언 3 : 1~4 ④ 고린도후서 13 : 13

2. 신약의 대표적인 강복선언인 고린도후서 13 : 13 말씀을 찾아서 빈칸을 채워 봅시다.

"주 예수 그리스도의 ( )와 하나님의 ( )과 성령의 ( )이 너희 무리와 함께 있을지어다"(고후 13 : 13).

알아봅시다

구약과 신약의 두 대표적인 경우는(민 6 : 24－26, 고후 13 : 13) 바로 기독교 예배 속에 정착되어 그대로 오랜 시간 지켜 온 순서가 되었다. 강복선언자는 하나님으로부터 사제적 임무를 수행하도록 명령 받고 그 삶 전체를 하나님께 드리며 살아온 목사들이나 신부였다. 칼뱅의 말대로 하나님의 말씀을 외치는 사역을 위탁받은 사람들, 그것도 모든 시간과 정신을 온전히 바쳐 주어진 사명에 전념하는 종들에 의해서만 선포되는 것이 축도이다.

뿌리 내리기

예배자 무디

소년이 어렸을 때 부흥집회에 참석하였습니다. 이 소년은 헤네스 발렐이라는 영국 목사의 설교를 들을 때마다 마음이 열려 감동을 받고 마음이 뜨거워졌습니다. 하루는 헤네스 발렐 목사가 이런 설교를 하였습니다. "하나님께서는 지금도 온전히 헌신하는 사람만 있으면 그를 통해서 지금까지 나타나지 않았던 더 큰 일을 할 수가 있다."

헤네스 발렐 목사의 설교를 듣는 중에 소년은 이 말씀을 듣고 그 자리에서 자기의 생애를 온전히 바치기로 결심하였습니다. "돈이 많다든가, 재주가 많다든가, 자식이 많은 사람이 아닌 온전히 헌신하는 자를 쓰신다."라는 깨달음에 소년은 너무 기뻐서 눈물을 비 오듯 흘렸습니다. 이 소년의 이름이 바로 무디입니다. 그는 미국의 경제공황기에 100만 명을 주님께 전도한 엄청난 기적의 일꾼으로 하나님께 쓰임을 받았습니다.

예배 가운데 무엇보다 중요한 것은 이것입니다. 예배 가운데 선포되는 하나님의 말씀에 집중하여 듣는 것입니다. 하나님은 이렇게 예배하는 자를 기뻐하십니다.

열매거두기

＊ 성경봉독

– 기록된 하나님의 말씀을 그대로 선포하는 것입니다.

– 봉독자가 선포할 때 회중은 경청해야 합니다.

＊ 말씀 선포(설교)

– 성경봉독한 하나님 말씀을 현대의 언어로 회중들에게 다시 해석해 주는 것입니다.

– 기록된 하나님 말씀의 선포이고 해석이며 적용입니다.

＊ 봉헌

– 예물의 드림만을 뜻하는 것이 아닙니다.

– 하나님의 은총 앞에 회중들이 드리는 응답적 행위의 총칭입니다.

＊ 찬양대의 찬양

– 음악이라는 매개체를 통하여 교인들의 마음을 감동시키고 회중들의 마음을 하나님께 드리게 하는 사역을 담당합니다.

– 예배자들의 마음을 하나님 앞으로 끌고 가는 헌신의 사역을 감당하는 기능을 갖춥니다.

＊ 설교 후 찬양

– 설교자를 통하여 선포된 하나님의 말씀에 대하여 예배자들이 결단과 감사로 응답하는 행위입니다.

＊ 축도(강복선언)

– 강복선언자가 하나님께서 복 내려 주실 것을 선언하는 행위입니다.

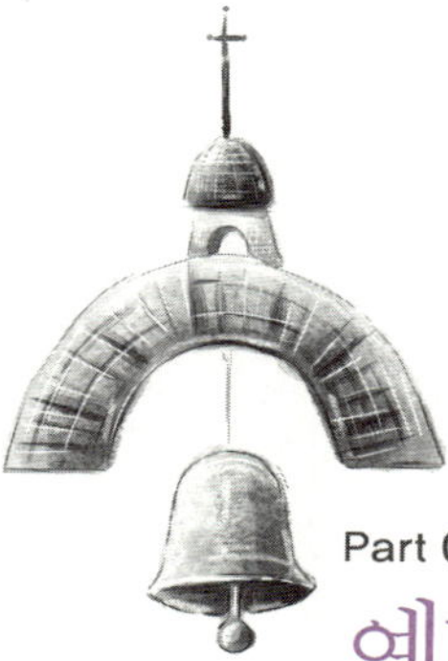

Part 05

예배 담당자, 준비된 예배가 은혜롭습니다

시작하면서 I

가정이나 직장, 교회에서 여러분에게 주어진 역할의 종류에는 어떠한 것들이 있나요? 또한 그 역할들을 잘 감당하기 위해서는 무엇을 준비해야 할까요?

터다지기

칼 바르트는 예배의 소중함에 대해 이렇게 서술했습니다. "하나님께 드리는 기독교 예배는 이 지상에서 발생할 수 있는 것 가운데 가장 중요하고, 가장 긴급히 요구되며, 가장 영광스러운 활동이다."
인간의 언어와 행위로 표현되는 것이지만, 예배는 인간의 활동을 중심으로 하기보다는 하나님께서 성령을 통해서 예수 그리스도 안에서 완성하신 구속을 연속적으로 드러내는 것입니다. 즉, 예배 가운데 하나님께서는 주도권을 갖고 계시며 그 안에서 구원의 역사는 계속되고 있습니다.

그러나 이것이 예배에 참여하는 우리들을 전적으로 수동적 상태로 남겨 둔다는 것을 뜻하지 않습니다. 우리는 무엇보다도 들어서 믿을 수 있고 깨달을 수 있는 지혜를 가진 피조물입니다. 하나님의 말씀은 우리에게 응답을 요구하고, 하나님의 사랑은 또한 우리에게서 같은 사랑을 원하시고, 하나님의 자비로운 행위는 우리의 찬양과 감사를 요구합니다.
한마디로 예배는 하나님의 계시(revelation)에 대한 인간의 응답(response)입니다. 이에 예배를 담당하는 사람들은 과연 어떠한 자세와 역할을 가져야 할지 생각해 봅시다.

씨 뿌리기

01. 구약에서 만나는 예배 담당자

첫째, 예배 담당자는 거룩한 사람들입니다.

1. 역대하 23 : 6을 보면, 제사장들과 수종 드는 레위 사람들이 여호와의 전에 들어갈 수 있는 이유는 무엇이라고 합니까?

---

2. 제사장 직분을 위임 받은 제사장들은 기름 부음을 받고 어떻게 구별되어야 합니까?(민 3 : 3)

둘째, 예배 담당자는 섬기는 사람들입니다.

1. 민수기 3 : 5~9에서, 레위 지파 사람들이 제사장 아론을 도와서 구체적으로 해야 할 일은 무엇이었습니까?

6절 : ______________________

8절 : ______________________

2. 이사야 61 : 6을 함께 읽고, 써 보십시오.

____

____

알아봅시다

'시종하게 하라'에서 사용된 히브리어 동사 '샤라트'는 '섬기다, 봉사하다'(minister, serve)라는 뜻을 함께 지니고 있다. 샤라트의 기본적인 용법은 자연적으로 중요한 인물, 보통 통치자에게 드려지는 개인적 섬김을 말하거나 제사장과 같이 하나님과 특별한 관계가 있는 자들 편에서 행하는 예배의 사역이라는 두 범주로 분류된다. 여기서는 두 번째 예배의 사역이라는 측면에서 샤라트 동사를 사용하였고, 주로 성막과 성전에서 봉사하였던 제사장과 레위인을 포괄하고 있다.

02. 신약에서 만나는 예배 담당자

첫째, 예배 담당자는 경건한 사람들입니다.

1. 마태복음 23 : 13~36을 보면, 예수님께서 당시 종교적 직무를 담당했던 서

기관과 바리새인을 한 가지 이유로 일곱 번이나 꾸짖는 장면이 나옵니다. 그 이유는 무엇이었습니까?

2. 디모데전서 4 : 7~8에서는, 예수 그리스도의 좋은 일꾼이 되기 위해서 연단해야 할 것이 무엇이라고 말합니까?

알아봅시다

'경건'(유세베이아)이란 하나님을 향한 경외심을 말한다. 또한 경건은 하나님을 향한 충성심과 공손한 태도의 의미를 가지고 있다. 종교개혁자 칼뱅은 경건을 순결한 양심으로 하나님께 예배할 수 있는 마음이라고 말했다. 디모데후서 3 : 5에서는 경건의 모양만을 갖추고, 능력을 부인하는 태도를 조심하라고 말했다.
'허탄한 신화'(그라우데스 뮈도스)란 거짓이 많고 근거가 없는 이야기로써, 말세에 많은 사람들이 귀를 기울이고 좇게 될 신화나 이야기들을 지칭하여 쓰였다.

둘째, 예배 담당자는 충성된 사람들입니다.

1. 고린도전서 4 : 1~2을 살펴보면, 하나님께서는 일꾼으로 또한 비밀을 맡을 만한 사람의 자질을 이것이라고 말씀합니다. 이것은 무엇입니까?

알아봅시다

사무엘상 2 : 27~35을 보면, 하나님의 사람이 제사장 엘리에게 와서 그의 행실과 마음가짐을 꾸짖는 장면이 등장한다. 그리고 특히 35절에서 하나님께서는 하나님의 마음, 하나님의 뜻대로 행하는 한 사람, 곧 충실한 제사장을 세우실 것이라 말씀하신다. 여기서의 충실한 제사장은 충성을 다하는 사람이요, 믿음의 올곧은 자세를 갖춘 사람으로 말하고 있다. 하나님께서는 그러한 충실한 제사장으로 사무엘을 세우셨다.

2. 디모데전서 1 : 12을 읽고, 다음 빈칸을 채워 보십시오.

"나를 능하게 하신 그리스도 예수 우리 주께 내가 감사함은 나를 (　　　) 되이 여겨 내게 (　　　)을 맡기심이니"(딤전 1 : 12).

03. 예배 담당자 실제 매뉴얼

예배 담당자는 하나님과 예배자 사이를 하나의 마음으로 이어 주는 연결고리와 같습니다. 예배를 은혜롭고 거룩하게 드리기 위해서 예배 담당자들이 먼저 기도하는 마음으로 철저히 준비하여 예배 참석자들이 신령과 진정으로 예배드릴 수 있도록 하여야 합니다. 거룩한 예배를 이루기 위해서 철저한 사명의식과 책임감을 가지고 임하여야 합니다.

1. 예배 인도자의 역할

① 인도자는 예배 전체의 순서와 각 예배 담당자, 교독문, 찬송가, 성경본문 말씀을 미리 숙지하고, 기도로 준비합니다.

② 전체 성도들이 거룩한 예배에 진지하게 동참할 수 있도록 세심하게 인도합니다.

③ 인위적인 것이 아니라, 진실한 예배를 감동적으로 드릴 수 있도록 영적 분위기를 이끌어 갑니다.

2. 설교자의 역할

① 설교는 하나님의 말씀을 대언하는 것입니다.

② 설교를 통해 하나님과의 거룩한 만남을 이룩합니다.

③ 회중의 역할 : 선포되는 하나님의 말씀을 그들의 삶 가운데 적용하며 듣습니다.

3. 대표기도자의 역할

① 대표기도는 전체를 대표하여 온 회중이 공감하여 '하나님께' 기도하는 것임을 잊지 않습니다.

② 하나님을 향해 설교하거나 회중을 교훈하려고 하지 않습니다.

③ 미리 정돈된 기도문을 작성하여 준비하고, 가급적 즉흥적인 기도를 하지 않도록 유의합니다.

④ 가식이 없는 믿음과 솔직한 심정으로 구체적으로 기도합니다.

⑤ 기도 시간이 3분을 넘기지 않고, 중언부언하지 않습니다.

4. 찬양대의 역할

① 찬양대 지도자는 가급적 설교 주제와 일치되는 찬양을 선곡합니다.

② 찬양곡의 메시지가 잘 전달될 수 있도록 가사 전달에도 유의합니다.

③ 찬양 받는 대상이 하나님임을 잊지 않으며, 마음과 자세가 하나님께만 향할 수 있도록 조심합니다.

④ 성도들의 주목을 받는 위치에 앉으므로 예배시간에 바른 예배자세를 유지합니다.

5. 봉헌위원의 역할

① 봉헌은 하나님의 은총 앞에 성도들이 드리는 응답적 행위를 총칭하는 말입니다.

② 봉헌위원은 성도들의 봉헌을 엄숙한 마음으로 대합니다.

③ 하나님께 받은 은혜를 기억하며, 하나님께 올려드리는 것임을 잊지 않습니다.

④ 가볍게 행동하지 않으며, 정성스럽고 진지하게 행동합니다.

6. 안내위원의 역할

① 안내위원은 사명과 은사가 확실하고 친절한 사람들입니다.

② 적어도 예배 30분 전에 안내 위치에 도착하여 성도들을 맞을 준비를 합니다.

③ 성도들을 세심하게 섬기며 예배 분위기가 흐트러지지 않도록 신경을 씁니다.

④ 예배가 시작되면 가급적 말을 삼가고, 예배당 안을 돌아다니지 않습니다.

7. 악기 담당자의 역할

① 악기 담당자는 예배자들이 각자 마음을 정리하고 흠 없는 자세로 준비하도록 돕습니다.

② 단순한 악기의 연주가 아니라, 악기로 표현하는 기도와 찬양임을 잊지 않습니다.

8. 방송 음향 담당자의 역할

① 방송 시 예배순서와 방송되는 내용이 일치되도록 신경 씁니다.

② 30분 전 미리 순서와 장비를 체크하여 크고 작은 사고가 일어나지 않도록 대비합니다(방송 장비, 음향 장비 체크).

③ 기술적인 부분뿐만 아니라, 스스로의 영성 관리에도 철저하게 신경을 쓰며 준비합니다.

알아봅시다

예배 신학자 지글러(Franklin M. Segler) 교수는 다음과 같이 설명한다. "모든 신자가 모두 제사장이라는 교리는 각 사람이 단순히 자기 자신이 제사장임을 뜻하는 것이 아니라 각 사람이 다른 모든 사람에게 제사장이라는 것을 의미한다. 그리고 이것은 공동체를 필요로 한다. 이는 '왕 같은 제사장들'로서 회중의 모든 회원들은 공중 예배에서 한 책임을 가진다는 것을 뜻한다." 예배 담당자들은 각자의 역할과 자세를 깊이 생각해 보며, 사명감과 책임감을 가질 수 있어야 한다.

뿌리 내리기

예배 합주

「예배에 숨겨진 비밀」이란 책을 쓴 R. T. 켄달 목사는 켄터키의 한 고등학교를 다닐 때, 교향악단에서 오보에를 연주했다고 합니다. 지휘자가 연주할 곡을 발표하면, 그들은 각자 주중에 연습을 해야 했습니다. 따라서 악보를 집으로 가져갔습니다. 다음 연습 때 합주단이 얼마나 잘 연주하는지는 각자가 집에서 얼마나 연습하느냐에 달려 있었습니다.

이런 교향악단에서의 합주 연습은 예배와도 연결됩니다. 예배 순서에 따른 각자의 역할이 있고, 이를 위해서 얼마나 연습하고 있는가는 매우 중요한 문제입니다. 하나님께 드리는 예배는 어떤 특정한 한 사람으로 만들어지는 것이 아닙니다. 각 예배자들은 지휘자가 원하는 대로 성실하게 연습을 해야 합니다. 각각의 악기 소리는 오케스트라가 내는 소리보다 크지 않습니다. 아름다운 합주를 하기 위해 성실하게 악기를 연습하듯, 우리의 예배가 아름답게 드려지기 위해서 예배를 맡은 담당자와 모든 예배자가 성실한 마음으로 예배를 준비해야 합니다.

–「예배에 숨겨진 비밀」, R. T. 켄달

열매거두기

* 예배 담당자는 거룩한 마음으로 준비하여야 합니다.
* 예배 담당자는 온 마음으로 섬겨야 합니다.
* 예배 담당자는 경건의 모양이 아닌 능력을 갖추어야 합니다.
* 예배 담당자는 충성된 마음으로 직무를 맡습니다.
* 예배 담당자는 각자 맡은 부분의 역할과 자세를 깊이 생각합니다.
* 예배 담당자는 사명감과 책임감을 동시에 갖되, 하나님께 드리는 예배 안에서 가장 먼저 진실한 예배자가 되어야 합니다.

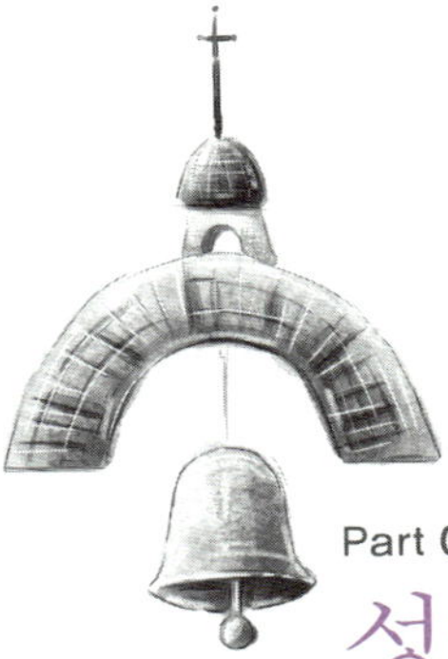

Part 06

성례전, 보이는 말씀입니다

시작하면서 |

세례 받았을 때, 혹은 성찬성례전에 참여했을 때의 마음과 느낌을 함께 나눠 봅시다.

터다지기

하나님의 말씀은 기록된 말씀인 성경(Written Word), 선포되는 말씀인 설교(Spoken Word), 하나님의 보이는 말씀(Visible Word)인 성례전으로 구분할 수 있습니다.

어거스틴은 성례전에 관하여 '신성한 것의 보이는 표' 또는 '보이지 않는 은혜의 형태'라고 말하고 있습니다. 뿐만 아니라 칼뱅은 「기독교 강요」 제4권 14장에서 "성례전은 우리들의 연약한 믿음을 지탱시켜 주시기 위하여 우리를 향하여 그의 선하신 약속들을 우리의 양심에 인 치시는 하나의 외형적인 표지이며, 또한 우리 편에서는 주와 그의 천사들과 사람들 앞에서 그를 향한 우리의 경건을 인증하는 표지이다."라고 정의합니다. 이는 곧 성례전이 우리들에게는 하나님의 은혜를 외형적인 표로 확인할 수 있는 증거이며, 우리는 하나님께 대한 우리의 충성을 확인할 수 있는 증거라고 말할 수 있습니다.

이처럼 성례전은 하나님의 은혜를 주시기 위해 예수님에 의해서 제정된 성스러운 표시입니다. 하지만 폴 틸리히(Paul Tillich)가 지적한 대로 우리는 지금 '성례전의 죽음'(the death of the sacraments)으로 위협받고 있는 교회의 시대에 살고 있습니다. 교회에서는 여전히 성례전을 행하고 있지만, 그 예식에 참여하는 사람들에게 그 의미가 점점 무의한 것으로 여겨지고 있습니다. 그러므로 오늘 우리는 성례전의 올바른 의미를 이해하고 회복하는 과정이 필요합니다.

씨 뿌리기

01. 성례전

1. 성례전에 관한 설명으로 옳지 않는 것은 무엇입니까?

① 성례전은 예배자들에게 하나님의 은혜를 전달하는 통로

② 성례전은 하나님의 은혜와 예배자들의 응답이 나타나는 현장

③ 성례전은 하나님께서 사랑의 실체로서 보여 주심의 사건

④ 성례전은 성도들의 공동체 의식을 재확인하는 예전

⑤ 성례전은 교회 직분을 받기 위한 통과 절차

2. 우리를 향하신 하나님의 값없는 사랑과 은혜를 새롭게 경험할 수 있는 2가지 성례전은 무엇입니까?

① 마태복음 3 : 16, 28 : 18~20 ______________________

② 마태복음 26 : 26~29, 고린도전서 11 : 23~29 ______________

알아봅시다

로마가톨릭교회에서는 성례(sacrament)를 '성사'라 부르며, '견진성사, 신품성서, 고해성사, 혼배성사, 병자성사'와 '세례, 성만찬'을 포함하여 7성례를 특별히 지키고 있다. 그러나 종교개혁 이후의 개신교는 신약성경에서 예수님께서 제정하신 세례와 성찬만을 성례전으로 지킨다(막 14 : 22-25, 고전 11 : 23-29).

3. 성례전이 중요한 이유는 무엇입니까?

① 주님께서 친히 제정하시고 본을 보여 주셨기 때문입니다.

② 온 교우들이 한 자리에 모이는 시간이기 때문입니다.

③ 특별한 사람들에게만 주어지는 특권이기 때문입니다.

④ 예배 시간에 진행되기 때문입니다.

02. 세례성례전

1. 예수님께서는 세례 요한에게 (   )를 받으심으로부터 공생애 시작을 나타내셨습니다(마 3 : 13).

① 가르침 ② 세례 ③ 기도 ④ 축복

2. 예수님께서 세례 받으실 때에 하늘로부터 들려온 소리는 무엇입니까?(마 3 : 17)

---

3. 세례에 대한 아래 정의와 성경구절을 연결해 보십시오.

교회 공동체의 한 몸이 되는 예식	•	•	마가복음 1 : 4
죄 씻음을 받는 표	•	•	사도행전 2 : 38
예수 그리스도의 죽으심과 부활에 참여	•	•	로마서 6 : 3~5
성령을 선물로 받음	•	•	고린도전서 12 : 13

알아봅시다

Q : 세례(洗禮)와 침례(浸禮) 중에 어느 것이 올바른 예전인가?

A : 세례와 침례에 대한 논쟁은 끊이지 않고 있다. 실제로 침례교에서는 온몸을 물에 적시는 침례만이 참다운 세례(Baptism)라고 주장한다. 그러나 물을 그 사람의

머리 위에 뿌려서 세례를 베푸는 것도 정당한 방법이다. 문제는 지나친 세례의 형식(물에 잠기거나, 물을 뿌리는 행위)에 관한 논쟁에 사로잡혀 세례의 참된 의미가 상실되고 있다는 점이다.

03. 성찬성례전

고린도전서 11 : 23~29의 본문을 읽고, 다음의 물음에 답해 봅시다.

1. 사도 바울이 고린도 교인들을 향하여 '너희에게 전한 것'(23절)은 누구에게 받은 것이라고 하였습니까?

① 세례 요한에게 받은 것　　② 부모에게 받은 것

③ 주께 받은 것　　④ 스스로 깨달은 것

2. 성찬의 떡과 잔은 각각 무엇을 의미합니까?(24-25절)

떡	•	•	**내 피로 세운 새 언약**
잔	•	•	**너희를 위하는 내 몸**

알아봅시다

성찬성례전을 가리켜 '주님의 만찬'(Lord's Supper), '최후의 만찬'(Last Supper)이라는 명칭을 사용한다. 사도 바울은 고린도 교회의 교인들이 손수 가져와서 먹고 마시는 음식과 주님의 성찬성례전은 근본적으로 차이가 있음을 밝히기 위해 '주님의 만찬'이라는 용어를 사용하였으며, '최후의 만찬'은 예수님께서 잡히시던 밤에 제자들과 함께했던 그 마지막 만찬을 의미한다.

3. 주의 떡이나 잔을 합당하지 않게 먹고 마시는 자의 결과는 무엇이라고 합니까? 다음에 공통적으로 들어가는 단어를 넣어 보십시오.

① 주의 몸과 피에 대하여 (   )를 짓는 것입니다(27절).

② 자기의 (   )를 먹고 마시는 것입니다(29절).

4. 성찬에 임하는 올바른 자세가 아닌 것은 무엇입니까?

① 나의 죄악 된 모습을 회개한다.

② 주님의 고통을 묵상한다.

③ 성찬의 맛과 향을 느낀다.

④ 주님의 사랑을 기억한다.

5. 성찬성례전이 오늘 우리에게 주시는 의미는 무엇입니까? 보기의 단어들을 질문의 빈칸에 차례대로 넣어 읽어 봅시다.

〈보기〉 ① 감사 ② 연합 ③ 회상 ④ 교제 ⑤ 잔치

① 하나님의 놀라운 은혜와 사랑에 대한 (   )로서의 성만찬

② 십자가와 부활에 참여하는 그리스도와의 (   )으로서의 성만찬

③ 우리 위해 고난을 당하시고 부활하심을 (   )함으로서의 성만찬

④ 교회가 그리스도의 몸 안에서 (   )함으로서의 성만찬

⑤ 하나님 나라가 도래함을 축하하고 예상하는 (   )로서의 성만찬

뿌리 내리기

진즉 손을 잡을 것

미국의 중부 지역은 끝이 보이지 않을 정도로 넓은 옥수수 밭으로 유명합니다. 수백 에이커의 옥수수 밭은 경작하는 일리노이스(Illinois) 주의 한 농장 주인의 5살짜리 딸아이가 넓은 옥수수 밭에 들어갔다가 길을 잃어버렸습니다. 주인은 농장의 온 일꾼들과 함께 그 아이의 이름을 부르며 사방으로 찾았지만 찾지 못했습니다.

사흘째 되는 날, 그 아이의 아빠는 인근 도시의 걸스카웃단과 보이스카웃단에 도움을 청했습니다. 수백 명의 단원들이 손에 손을 잡고 옥수수 밭을 수색해 가기 시작했습니다. 그렇게 손을 잡고 두 시간 가까이 전진해 간 어느 지점에서 싸늘하게 식은 시신으로 변한 어린 딸을 찾을 수 있었습니다. 그 아이의 아빠는 딸아이의 시신을 안고 울부짖었습니다. "진즉 손을 잡을 것을……."

성례전은 하나님께서 우리에게 내밀어 주시는 손을 잡는 예전입니다. 이는 곧 우리를 향하신 하나님의 은혜이며, 하나님의 자기 주심의 또 다른 선물입니다.

열매거두기

* 성례전은 예배자들에게 하나님의 은혜를 전달하는 통로입니다.
* 성례전은 하나님의 은혜와 예배자들의 응답이 나타나는 현장입니다.

* 성례전은 하나님께서 사랑의 실체로서 보여 주심의 사건입니다.

* 성례전은 성도들의 공동체 의식을 재확인하는 예전입니다.

* 개신교의 성례전은 세례와 성찬을 성례전으로 지킵니다.

* 세례성례전은 죄 씻음을 받는 표입니다.

* 세례성례전은 예수 그리스도의 죽으심과 부활에 참여합니다.

* 세례성례전은 교회 공동체의 한 몸이 되는 거룩한 예전입니다.

* 성찬성례전을 통하여 하나님의 은혜와 사랑에 감사합니다.

* 성찬성례전을 통하여 그리스도와의 연합을 이룹니다.

* 성찬성례전을 통하여 십자가에서 죽임 당하신 주님을 회상합니다.

* 성찬성례전을 통하여 그리스도 안에서 성도들과 교제를 나눕니다.

* 성찬성례전을 통하여 하나님의 나라 잔치를 경험합니다.

부록

1. 예전 색깔과 교회력

2. 예배와 상징

3. 한국교회 상황에 맞춘 1556년 존 낙스의 성찬 예전

• 예전 색깔은 이렇습니다

예전 색깔은 교회사적으로 그 의미가 통일되게 사용된 적이 없다. 그것은 지역과 문화에 따라, 그리고 시대에 따라서 색깔의 의미가 달라지기 때문이다. 그럼에도 불구하고 현재 구교를 비롯한 전 세계 교회는 어느 정도 공통적으로 받아들이는 예전 색깔을 사용하게 되었는데, 그것은 다음 도표와 같다.

예전 색깔	절기	상징
흰색(white) 또는 황금색(gold)	성탄절(12일간)	주님의 사역에 초점을 맞춘 위대한 기쁨의 절기
	주현절(1월 6일)	
	부활절기	
흰색(white)	주님의 수세주일	기쁨과 즐거움
	산상변모주일	
	삼위일체주일	
	왕이신 그리스도 주일	
붉은색(red)	고난주일	보혈
	성령강림주일	성령의 불길
검정색(black) 또는 붉은색(red)	성금요일 예배	죽음
보라색(purple)	사순절	청결과 영적 씻음
	대림절	오시는 왕을 위한 위엄과 존엄
	고난주간 월, 화, 수요일	보라색은 회개와 준비의 개념
녹색(green)	비절기 기간 –주현일 이후부터 재의 수요일 전날 화요일 –성령강림주일 이후부터 대림절 전 토요일	영적 성장과 희망, 성결, 그리고 생명

• 교회력은 이렇습니다

교회력은 초기 교회 때부터 성도들과 교회가 지켜오던 것으로써 예수 그리스도의 탄생, 사역, 수난, 죽으심, 부활, 영으로 임하심, 그리고 재림 안에서 완성되어진 우리의 구원 역사를 매년 재현하는 것이다. 즉 교회력은 예수 그리스도의 구속사를 중심으로 이루어진 것으로서 성도들이 예수 그리스도 안에서 받은 바 은혜를 계속적으로 기억하게 하는 은총의 수단들 가운데 하나이다.

주일 중심의 '주간 주기' (The Weekly Cycle)

초기 교회 교인들은 예수 그리스도께서 죽음에서 부활하신 주일을 중심으로 모여 하나님께 기쁨으로 예배를 드렸다. 기독교 예배는 이렇게 초대교인들이 안식 후 첫날, 즉 주님께서 부활하신 주일에 모여 말씀을 들으며 떡을 떼는 것에서부터 시작되었다. 신약성경을 보면 적어도 세 군데에서 예배를 위한 구체적인 시간이 제시되고 있는 것을 볼 수 있는데, 그것은 바로 '매 주일의 첫날' 이었다.
바울은 고린도 교회 교인들에게 매 주일 첫날에 각 사람이 자기가 얻은 대로 저축해 두라고 말하고 있는데(고전 16 : 2), 이는 초대교인들이 한 주간의 첫날에 모여 예배를 드리고 있음을 보여 준다. 또한 바울은 드로아에서 자정이 될 때까지 강론을 계속하고 떡을 떼었는데(성찬), 이날은 '안식 후 첫날' (행 20 : 7), 즉 주일이었다. 이날을 가리켜 사도 요한은 '주의 날' (계 1 : 10)이라고 분명히 말한다. 이렇게 초대교인들은 안식 후 첫날, 즉 주님께서 부활하신 날에 모여서 부활을 축하하면서 기쁨으로 떡을 떼며 예배를 드렸다.
그러므로 초대교인들에게 주일은 한 주간의 가장 중요한 날이요, 매주 주님의 부활을 축하하는 날이었다. 그들에게 주일은 매 주일 맞이하는 '작은 부활절' 이었다. 따라서 한 주일의 첫날인 주님의 날은 전체 교회력 구조의 기초요, 핵심이다.

부활절 중심의 '연 주기' (The Annual Cycle)

시간이 흐르면서 초기 교회 그리스도인들은 매 주일이 부활하신 예수 그리스도를 증거하는 것처럼, 일 년도 주님의 부활을 기념하는 한 단위로 생각하기 시작했다. 즉 매일, 매주 예수 그리스도를 증거하는 것처럼 초대교인들은 일 년도 주님을 기념하는 한 단위로 생각했던 것이다. 따라서 초기 교인들에게 있어서 주일이 한 주간의 중심이었던 것처럼, 일 년의 중심은 부활절(Pascha)이었다. 그리고 처음 2~3세기까지 초대교인들은 이렇게 연례행사로 부활절을 지키고 있었다. 그리고 시간이 흐르면서 부활절을 전후로 사순절(40일)과 부활절기(50일), 그리고 오순절 성령강림주일이 등장하고, 4세기 전반에 이르러 하나님을 증거하는 예수 그리스도의 사역의 시작과 관련된 주현절이 등장하며, 이것은 후에 성탄절과 나누어지게 된다. 그리고 마지막으로 성탄절을 맞이하기 위한 대림절이 등장하게 됨으로써 주후 4세기 말에는 오늘 우리가 가지고 있는 교회력의 기본인 그 틀을 갖추게 되었다.
결국 주후 4세기까지 이루어진 교회력은 초기 교회의 삶과 믿음의 내용을 거의 반영하고 있으며, 그것은 곧 예수님의 오심과 수난, 죽으심, 부활, 성령의 임재, 그리고 주님의 다시 오심 등을 극적으로 표현하고 있다. 그리고 연중 교회력은 크게 두 개의 기간으로 나누어지는데, 하나는 부활절기요, 또 하나는 성탄절기이다.

1. 부활절기(The Easter Cycle)

1) 사순절기(Lent Season)

사순절은 예수님의 마지막 예루살렘 여행 및 그리스도의 수난과 죽음에서 보이신 사랑의 자기희생적 성격을 기억하는 절기이다. 사순절은 재의 수요일(Ash Wednesday)로부터 시작되며, 수난/종려주일(Passion/Palm Sunday)로 시작되는 거룩한 한 주간(고난주간)에 절정을 이루고, 부활주일 전 토요일까지 40일의 절기이다. 그러나 사순절 동안에 주일은 포함되지 않으므로 실제로는 46일간이 된다.

2) 부활절기(Easter Season)

부활절은 부활절 전야에 시작되어 부활주일을 거쳐 성령강림주일까지 계속되는 50일간의 기쁨의 절기이다. 부활절은 325년 니케아 종교회의 때 결정되었는데, 이때 부활절은 "봄의 첫날(춘분) 이후에 오는 첫 만월 후 첫째 주일이며, 그 만월이 주일인 경우에는 그 다음 주일로 한다."고 결정하였다. 부활절기 40일째 되는 날은 주님께서 승천하신 승천일이다.

3) 성령강림절(주일, The Day of Pentecost)

이날은 오순절 성령강림주일로, 부활주일 후 50일째 되는 날이다. 오순절 성령강림주일은 성령님께서 오순절 마가의 다락방에 임하신 것을 기념하는 절기로, 부활절기의 절정이다.

2. 성탄절기(The Christmas Cycle)

1) 대림절기(Advent Season)

교회력의 시작인 대림절은 예수 그리스도의 초림을 감사하고, 그가 다시 오실 것(재림)을 선포하며 기다리는 절기이다. 이 절기는 성 안드레 기념일인 11월 30일이나 이 날에 가장 가까운 주일부터 시작되며, 성탄절 이브까지 4주간 계속된다.

2) 성탄절기(Christmas Season)

성탄절은 12월 24일 성탄절 전야에서 시작하여 1월 5일까지 계속되는 12일간의 성육신의 신비를 기념하는 절기이다.

3) 주현절(일, The Epiphany)

주현절(일)은 1월 6일 하루 동안 지키는 축일로서 주님께서 세례를 받으심으로 그의 공생애를 시작하심을 기념하는 축일이다. 예수님은 이날 세례를 받으심으로 그의 사역의 시작을 모두에게 공식적으로 나타내 보이셨다. 그래서 교회는 주현절(일)일 때 예수님의 세례와 가나의 혼인잔치에서 하나님의 영광을 처음으로 나타내심, 그리고 이방인들에게 그의 빛이 임하심을 나타내 보여 주는 동방박사들의 방문 등을 기념한다. 즉, 주현절(일)은 예수님께서 그의 공생애를 시작하시면서 놀라운 기적과 가르침으로 하나님을 우리에게 나타내 보이심을 기념하는 절기이다.

비절기 기간

연중 교회력은 크게 둘로 나뉘는데, 먼저는 앞서 소개한 예수 그리스도의 구속사를 중심으로 이루어진 절기 기간과 특별한 주제 없이 진행되는 비절기 기간이다. 비절기 기간은 두 군데로 나뉘는데, 하나는 주현절(일) 이후부터 사순절이 시작되는 참회의 수요일 전까지의 기간이며, 또 하나는 오순절 성령강림주일 이후부터 대림절 전까지의 기간이다. 비절기 기간은 예수님께서 영광으로 다시 오시는 그날까지 새 언약의 교회가 걸어가는 긴 장정을 뜻하는 기간이다.

특별한 날들

1. 주님의 수세주일(Baptism of the Lord)

주님의 수세주일은 예수님의 공생애의 시작과 깊은 관련이 있는 날이다. 하나님의 통치를 가져오는 예수 그리스도의 사역은 그의 세례에서 시작되었다(마 3 : 13-17). 교회는 이날 예수님의 세례와 성도들의 세례를 축하하며 기념한다. 현재 전 세계의 개신교회는 주현일(1월 6일) 후 첫 주일을 예수님의 수세주일로 지킨다.

2. 산상변모주일(Transfiguration of the Lord)

산상변모주일은 사순절이 시작되는 재의수요일 직전에 오는 주일로서 주님의 변모를 축하하는 주일이다. 교회는 십자가를 바로 앞에 두고, 그의 영광을 비추셨던 산상변모주일에 예수님의 신적 위엄을 축하한다.

3. 삼위일체주일(Trinity Sunday)

오순절 성령강림주일 이후 첫 번째 주일에 지키는 삼위일체주일은 다른 축일들과는 달리 사건보다는 교회의 교리에 초점을 두는 축일이다. 이날은 거룩한 삼위일체로서의 하나님의 존재에 대한 측량할 수 없는 신비를 축하한다.

4. 왕이신 그리스도 주일(Christ the King Day)

왕이신 그리스도 주일은 오순절 성령강림주일 이후의 마지막 주일로 교회력의 마지막 주일이다. 이날 교회는 그리스도의 왕권의 축하와 그리스도의 통치권과 그리스도의 다시 오심에 대한 기대 사이에서 보낸다.

– 대한예수교장로회 「예배 · 예식서」(표준개정판)에서 발췌

신령한 예배는 살아 있는 상징들을 요구한다. 예배는 기본적으로 공동체가 함께 모여 적극적으로 하나님의 구원 역사를 기억하고 감사하며, 하나님의 창조와 구원 역사를 이야기하고(선포하고), 상징적인 행위들(성찬 등)을 통해서 하나님의 구원 역사를 재현하는 것이기 때문이다. 이렇게 예배는 하나님이 임재하는 시간과 장소이며, 의미 있는 상징들을 통해서 하나님께서 온 세상을 구속하신 것을 기억하며, 감사하며, 재현하는 순간이기에 상징은 예배에 있어서 매우 중요한 위치를 차지한다. 무엇보다도 신령한 예배는 하나님께서 우리에게 허락하신 모든 표징들(물, 빵, 포도주, 기름, 불, 손을 올리고 내리는 동작, 나누어 주고, 모이고 흩어지는 일련의 행위들)을 통해 신앙의 신비한 측면을 드러내는 현장이다. 그러므로 우리는 신령한 예배는 살아 있는 상징들을 요구한다.
우리가 교회에서 행하고 있는 예배에는 많은 상징들이 내포되어 있다. 즉, 우리는 여전히 예배의 현장 속에서 수많은 상징적인 행동을 하고 있다는 사실이다. 그리고 그러한 상징들과 혹은 상징적인 행동들을 통해서 우리는 예배 시간에 하나님을 체험하고 만나게 된다. 그렇다면 예배에 있어서 상징에는 어떤 것들이 있는가?

1. 알파와 오메가(*A Ω*) : 이는 헬라어의 처음과 마지막 알파벳이다. 이것들은 주로 계시록에 나타난 예수 그리스도의 인격과 사역을 지칭하는 데 사용된다. 이는 흔히 강단의 앞부분의 장식으로 사용되며, 그의 완전하신 계시의 모노그램(monogram)으로 묘사된다(계 22 : 13).

2. 방주(Ark) : 방주는 초기 교인들에게 그리스도와 교회를 상징하는 가

장 오래된 상징들 가운데 하나로, 노아에게 주신 하나님의 언약의 이야기로부터 나온 구원을 상징한다. 그리고 최근에는 교회 일치의 의미를 가진 우주적 교회 전체를 상징하기도 한다.

3. 깃발(Banners) : 깃발은 승리와 환희를 상징하는 것으로 구약에서는 흔히 전쟁의 상황에서 사용되었다. 교회에서는 그리스도의 구속적 사역을 나타낼 때 사용되며, 최근에는 특별한 절기를 상징할 때와 특별한 본문들을 표기한 벽걸이 등으로 사용된다.

4. 빵(Bread) : 빵은 음식을 상징하는 가장 대표적인 것으로, 또한 '생명의 떡' 인 하나님의 말씀, 즉 성경을 상징하기도 한다. 그리고 성찬성례전에서 빵은 생명의 떡이신 예수 그리스도의 임재를 상징한다. 또한 광야에서의 만나 이야기와 광야에서 수천 명의 사람들을 먹이신 사건, 그리고 주님의 만찬에서의 떡 등 성경의 많은 부분에서 빵은 우리를 먹이시고 기르시는 하나님의 양육을 상징하기도 한다.

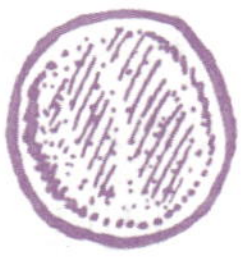

5. 물고기(Fish) : 물고기 사인은 박해를 당하던 초기 교회에서 발견되는데, 이것은 초기 교인들의 정체성을 나타내 주는 상징이었다. 헬라어 "예수 그리스도, 하나님의 아들, 구세주"(Jesus Christ, God's Son, Savior)의 첫 글자들을 따서 '익투스'(ichthus)라고도 한다.

6. 촛대(Candles) : 촛대와 등은 빛과 조명을 상징하며, 그 가운데 부활절 초는 기독교 전통에 있어서 가장 대표적인 상징이다.

7. 십자가(Cross) : 십자가는 예수 그리스도의 죽음과 부활, 삶과 사역, 성육신과 영광 가운데 오심 등을 대표하는 기독교 최대의 상징이다. 십자가에 많은 형태가 있는데, 그중에 대표적인 것들은 라틴 십자가(긴 다리와 짧은 팔 모양), 헬라 십자가(네 다리가 길이가 같음), X자형 십자가(성 안드레 십자가), 예루살렘 십자가(세상의 네 방향으로 복음을 전함을 상징) 등이다.

라틴 십자가　헬라 십자가　X자형 십자가　예루살렘 십자가

8. 키로(Chi－Rho) : 헬라어 'Christos'의 첫 두 글자를 사용해서 예수 그리스도를 지시하는 가장 대표적인 모노그램이다. 이것은 4세기 이후에 여러 가지 모양으로 나타났다.

9. 비둘기(Dove) : 마태복음 3 : 16의 예수님의 세례에서 볼 수 있는 대로 성경에서 비둘기는 성령님을 상징한다. 때로 비둘기는 하나님의 평화를 상징하기도 한다.

10. 백합화(Lily) : 백합화는 부활의 꽃이며, 또한 "들의 백합화가 어떻게

자라는가 생각하여 보라"(마 6 : 28 중)는 예수님의 산상수훈에서 볼 수 있듯이 하나님의 돌보심을 상징하는 꽃이기도 하다. 또한 천사가 동정녀 마리아에게 수태고지를 상징하기도 한다.

11. 메노라(Menorah) : 유대교 전통에서 온 것으로 7개의 가지가 있는 촛대를 말하는데, 이는 성령님의 7가지 은사를 상징하는 것으로 알려져 있다.

– 대한예수교장로회 「예배 · 예식서」(표준개정판),
"예배와 상징"에서 발췌

한국교회 상황에 맞춘
1556년 존 낙스의 성찬 예전[1)]

－낙스가 1556년 제네바의 마리 라 노브(Marie la Nove) 교회에서 고안한 기도 예식문 (Forme of Prayers) 중의 성찬 예전－

입 장 .... 집례자와 회중

집례자의 입장 신호와 함께 회중은 한 줄로 입장한다. 이때 예배실 입구에서 스톨을 착용하면서 입장하여 각 그룹을 위해 준비된 자리에 착석한다.

초대의 찬양 .... "갈릴리 호수가에서" .... 다 같이

곡은 반복해서 부른다.
순서는 ① 기타→② 기타와 1인→③ 기타, 건반, 3인→④ 다 같이 순으로 진행된다.

‖ : 갈릴리 호수가에서 주님은 시몬에게 물으셨네
사랑하는 시몬아 넌 날 사랑하느냐
오 주님 당신만이 아십니다 : ‖

---

1) 본 존 낙스의 성찬 예식을 위한 '참회의 기도', '교회의 기도', '성찬 제정사', '권면의 말씀', '성찬기도', '성찬 후 기도'는 Bard Thompson의 *Liturgies of the Western Church*에 수록된 자료로서, 박사과정의 손한나 목사가 한글 번역하였다.

예배의 부름 ·· 집례자

"우리의 도움은 천지를 지으신 주님의 이름에 있도다. 세상의 모든 나라가 우리 주 예수 그리스도의 나라가 되고 그리스도께서 영원히 통치하시리라. 여호와의 종들아 이제부터 영원까지 여호와의 이름을 찬송할지어다. 아멘." (시 124편, 계 11 : 15, 시 113편).

참회의 기도 ····· "우리 시대의 죄의 고백"(단 9장) ··· 집례자와 회중

전능하신 주 하나님, 하나님은 언약을 지키시며, 당신을 사랑하고 계명을 따르는 자들에게 자비를 베푸십니다. 그러나 우리는 죄를 범하여 다른 사람들에게 상처를 입히며 악하게 행동했고, 하나님의 율법과 가르침을 따르지 않았습니다. 우리는 우리와 이 땅의 모든 사람들을 향해 하나님을 선포하는 주님의 선지자들에게 결코 순종하지 않았습니다. 하나님, 당신은 정의의 주님이오나, 우리에게는 부끄러움만 있을 뿐입니다. 그리하여 하나님의 율법에 기록된 저주와 징벌들이 우리에게 미치고 있습니다. 그럼에도 불구하고 우리는 죄에서 죄로 옮겨 다니며 그른 행동들을 계속하고 있습니다. 한때 복음을 받아 들였던 자들이 이제는 하나님의 진리를 좇지 않고 있으며, 하나님의 말씀인 생동력 있는 설교로부터 돌아서서 끔찍한 우상에게로 향하고 있습니다. 또한 오늘날 우리는 우리가 악한 것을 진정으로 참회하고 있지 않으며, 또한 우리는 하나님의 분노가 얼마나 크실지 숙고해 보지 않았습니다.

오 주님, 이 모든 것들은 죄를 벌하시며 각 사람의 속마음에 따라 판단하시는 하나님의 공정한 심판을 받게 될 것이오나, 하나님의 변함없으신 은혜로 우리를 붙들어 주시지 아니하면 부정한 행위들에는 끝이 없을 것입니다. 그러하오니 주님, 주께서 우리를 변화시켜 주시면 우리는 변화될 것입니다. 우리는 우리의 의로움을 신뢰하며 기도하지 않고 하나님의 자비의 풍성하심을 신뢰하며 기도드립니다. 하나님께서는 잘못과 무지의 참혹한 속박으로부터 우리를 구원하여 주시고 특별한 은혜를 베풀어 주셨으며, 우리를 부르셔서 그리스도의 복음 안에서 자유케 하셨습니다. 그런데 우리는 하나님

의 선지자들의 훈계에 귀 기울이기보다는 우리 자신의 욕망과 정욕에 따라 살아가며 자유를 남용하였습니다.

그러나 하나님, 저희에게 다시금 자비를 베풀어 주시기를 간구합니다. 하나님, 저희들에게 귀를 기울이시고, 눈을 여시어서 이 나라의 애처로운 현실과 우리 형제와 자매들의 눈물을 살펴 주옵소서. 주님, 우리의 기도를 들으시고, 우리를 용서하여 주옵소서. 주님, 우리를 생각하사 너무 오래 기다리지 않게 하시고, 아들 예수 그리스도를 인하여 우리에게 자비를 베풀어 주소서. 그리하여 온 세상이 하나님만이 유일하신 신이시며 모든 사람들에게 거룩하신 이름으로 자비를 베푸시는 분이심을 알게 하소서.

사죄의 선언 .... 집례자와 회중

집례자 : 복음을 믿으라. 너희가 전에는 백성이 아니더니 이제는 하나님의 백성이요 전에는 긍휼을 얻지 못하였더니 이제는 긍휼을 얻은 자니라. 그리스도 안에서 너희는 죄 사함을 받았으니 이는 너희를 어두운 데서 불러내어 그의 기인한 빛에 들어가게 하신 자의 아름다운 덕을 선포하게 하려 하심이라(벧전 2 : 9 – 10).

회 중 : 아멘.

찬 양 .... "큰 영광 중에 계신 주"(찬송가 20장) .... 다 같이

1. 큰 영광 중에 계신 주 나 찬송합니다 영원히 계신 주 이름 나 찬송합니다
2. 한 없이 크신 능력을 나 찬송합니다 참되고 미쁜 그 언약 나 찬송합니다
3. 온 천지 창조하시던 그 말씀 힘있어 영원히 변치 않는 줄 나 믿사옵니다
4. 그 온유하신 주 음성 날 불러 주시고 그 품에 품어 주시니 나 찬송합니다 아멘

성령의 조명을 위한 기도 .... 집례자

하늘의 아버지, 은혜와 자비가 풍성하신 아버지를 찾으며 간구하기 원합니

다. 주님의 자비의 눈길을 불쌍한 종들에게 주시고, 너무나 잘못되어서 하나님의 진노를 불러일으켰던 수많은 우리의 죄악을 개수하지 마옵소서. 우리는 주께서 우리 사이에 중보자로 세우신 우리 주 하나님의 아들 예수 그리스도를 바라며 그에게 간구합니다. 그 안에는 지혜와 빛이 충만히 거하십니다. 주는 우리를 주의 성령을 통하여 그의 거룩하신 가르침을 바르게 깨닫도록 인도하시고, 그것으로 우리 안에 주의 이름의 영광과 존귀에 이르는 의의 열매를 맺게 하옵소서. 우리는 종이 그 상전에게, 자녀가 그 아비에게 함같이 주님께 순종해야 함을 아오며, 그것을 우리의 선하신 목자께서 가르쳐 주신 대로 주님께 간구합니다. 우리 주님 예수 그리스도의 이름으로 기도합니다. 아멘.

성경봉독 ············ **"디모데전서 4 : 6~16"** ············· **집례자**

"네가 이것으로 형제를 깨우치면 그리스도 예수의 좋은 일꾼이 되어 믿음의 말씀과 네가 따르는 좋은 교훈으로 양육을 받으리라 망령되고 허탄한 신화를 버리고 경건에 이르도록 네 자신을 연단하라 육체의 연단은 약간의 유익이 있으나 경건은 범사에 유익하니 금생과 내생에 약속이 있느니라 마쁘다 이 말이여 모든 사람들이 받을 만하도다 이를 위하여 우리가 수고하고 힘쓰는 것은 우리 소망을 살아 계신 하나님께 둠이니 곧 모든 사람 특히 믿는 자들의 구주시라 너는 이것들을 명하고 가르치라 누구든지 네 연소함을 업신여기지 못하게 하고 오직 말과 행실과 사랑과 믿음과 정절에 있어서 믿는 자에게 본이 되어 내가 이를 때까지 읽는 것과 권하는 것과 가르치는 것에 전념하라 네 속에 있는 은사 곧 장로의 회에서 안수 받을 때에 예언을 통하여 받은 것을 가볍게 여기지 말며 이 모든 일에 전심 전력하여 너의 성숙함을 모든 사람에게 나타나게 하라 네가 네 자신과 가르침을 살펴 이 일을 계속하라 이것을 행함으로 네 자신과 네게 듣는 자를 구원하리라"

교회의 기도 ············ **"그리스도 교회와 그에 속한 자들을 위한 기도"** ·········· **집례자와 회중**

전능하시고 자비로우신 하나님 아버지, 겸손히 하나님의 위엄 앞에 엎드려 간절히 간구하옵나이다. 이제 우리에게 말씀의 씨앗이 뿌려지오니, 깊이 뿌리를 내리게 하옵소서. 이 씨앗을 마르게 하는 핍박의 열기와, 그 생명을 시들게 하는 가시들로부터 보호하사 씨앗이 옥토 밭에 뿌려지게 하시고 하나님의 신령한 지혜로 30배, 60배, 100배의 결실을 맺게 하옵소서. 또한 하나님의 손에 많은 것들을 간구하며 겸손히 구하오니, 우리에게 성령을 부어 주시고 우리가 간구할 바를 알게 하시며, 우리로 열정을 갖고 하나님의 복된 뜻에 따르게 하옵소서. 우리는 연약하여 하나님의 도우심 없이는 아무것도 할 수 없습니다. 주님은 얼마나 많은 유혹들이 불쌍한 저희들을 에워싸고 있는지 알고 계십니다. 주님, 하나님의 강하심으로 우리의 연약함을 붙드시고 하나님의 은혜의 능력으로 우리를 지키사, 우는 사자와 같이 두루 다니며 삼킬 자를 찾는 사탄의 모든 공격으로부터 우리를 안전하게 보호하여 주옵소서. 자비로우신 하나님 아버지, 우리가 하나님의 신령한 말씀으로부터 돌아서지 않도록, 그리고 하나님의 명령을 준엄하게 준행하며 우리 안에 소망과 사랑을 키워 갈 수 있도록 우리 믿음의 분량을 늘려 주시옵소서. 그리고 하나님을 향한 순종이 우리의 강퍅함이나 위선이나 의심으로 우리에게서 멀어지지 않게 하옵소서. 우리는 지금 가장 위험한 시대를 살아가고 있사오니, 어디서나 우리를 좇고 있는 악한 적들의 횡포로부터 하나님 아버지의 섭리 가운데 우리를 보호하여 주옵소서.

나아가 하나님의 거룩한 사도들로부터 가르침을 받은 대로, 지금 이곳에서 모든 이들을 위하여 간구하오니, 무분별함과 오류에 비참하게 사로잡혀 있는 모든 무지몽매함을 몰아내 주시고 하나님의 신령한 진리를 순수하게 이해하고 깨닫게 하옵소서. 우리 모두가 한마음 한뜻으로 우리의 구원자이신 하나님 한 분만을 경배하게 하소서. 그리고 하나님께서 택하사 하나님의 거룩한 말씀을 위탁하신 모든 교사와 목회자, 목사들이 그들의 삶과 가르침에 충실하게 하옵시며, 이들을 통하여 영광을 받으옵소서. 길을 잃고 헤매는 모든 불쌍한 양무리들이 이들의 인도함 가운데 모여들게 하시고, 하나님 품안의 집으로 돌아오게 하소서.

또한 하나님의 손에 통치자들의 마음이 달려 있사오니, 하나님께서 검을 주신 이 나라의 위정자들을 다스려 주시고, 하나님의 돌보심 가운데 이 민족과 사회, 지역 공동체의 영예로운 유산들이 유지되고 고양되게 해 주옵소서. 하나님 아버지의 은혜로 저들을 보호하여 주시고 성령께서 그들의 마음을 다스려 주시어서 그들이 임무를 잘 수행하게 하시고, 교회가 순수하게 유지되고, 그 방식들이 개혁되고, 거룩하고 분명한 하나님의 말씀에 따라 죄가 책망 받게 하옵소서.

하나님 아버지, 그리고 우리는 예수 그리스도의 신비한 몸을 이루는 지체이므로, 분쟁, 억압, 전쟁, 전염병, 기근, 고통, 가난, 속박, 박해, 추방당함으로 인해 고통받는 자들을 위하여 간구합니다. 육체의 질병이나 마음의 괴로움이나 그들이 안고 있는 모든 문제로부터 하나님께서 온전한 자유를 주실 때까지, 그들에게 굳은 의지와 인내를 주옵소서. 그리고 하나님의 진리를 증언했다는 이유로 핍박받고, 감옥에 갇히고, 죽기까지 경멸당하는 우리의 형제들에게 하나님의 자비를 허락하소서. 그들이 비록 아무에게서도 도움을 받지 못하고 있다 하더라도, 하나님의 따스한 평안이 그들을 결코 떠나지 않게 하시고, 하나님의 성령으로 그들의 마음에 불을 붙이셔서 하나님의 신성한 지혜 안에서 담대하고 용감하게 시험을 견디게 하옵소서. 그리하여 그들의 죽음과 그들의 삶으로 인해 하나님의 아들 예수 그리스도의 나라가 확장되고 온 세계에 빛나게 하소서.

주님의 기도

집례자 : 이제 주님이 가르쳐 주신 기도를 드리오니,

다같이 : 하늘에 계신 우리 아버지, 아버지의 이름을 거룩하게 하시며 아버지의 나라가 오게 하시며, 아버지의 뜻이 하늘에서와 같이 땅에서도 이루어지게 하소서. 오늘 우리에게 일용할 양식을 주시고, 우리가 우리에게 잘못한 사람을 용서하여 준 것같이 우리 죄를 용서하여 주시고, 우리를 시험에 빠지지 않게 하시고, 악에서 구하소서. 나라와 권능과 영광이 영원히 아버지의 것입니다. 아멘.

사도신경

집례자 : 전능하시고 영존하신 하나님, 우리에게 살아 있는 믿음을 주시어 그리스도의 장성한 분량이 충만한 데까지 날마다 성장하게 하옵소서. 이제 우리의 고백을 올려드리오니,

다같이 : 나는 전능하신 아버지 하나님, 천지의 창조주를 믿습니다. 나는 그의 유일하신 아들, 우리 주 예수 그리스도를 믿습니다. 그는 성령으로 잉태되어 동정녀 마리아에게서 나시고, 본디오 빌라도에게 고난을 받아 십자가에 못 박혀 죽으시고, 장사된 지 사흘 만에 죽은 자 가운데서 다시 살아나셨으며, 하늘에 오르시어 전능하신 아버지 하나님 우편에 앉아 계시다가, 거기로부터 살아 있는 자와 죽은 자를 심판하러 오십니다. 나는 성령을 믿으며, 거룩한 공교회와 성도의 교제와 죄를 용서받는 것과 몸의 부활과 영생을 믿습니다. 아멘.

성물봉헌 찬송 ‥ "오 나의 주님 친히 뵈오니"(찬송가 228장) ‥ 다 같이

찬송 시, 성찬위원은 빵과 포도즙을 성찬 식탁으로 가지고 나와 봉헌한다.

1. 오 나의 주님 친히 뵈오니 영원한 세계 밝히 나타나
   한없는 은혜 길이 누리니 주님께 모든 염려 맡기리
2. 주님의 떡을 내가 먹으며 주님의 잔을 내가 마시고
   근심의 짐을 벗어 버리니 죄 사함 받아 내 맘 새롭다
3. 주 예수밖에 도움 없어서 주님의 팔에 의지합니다
   주 권능으로 힘이 솟아서 주 안에 내가 만족합니다
4. 주님의 성찬 받을 때마다 하늘의 기쁨 미리 맛보고
   어린 양 잔치 참여함같이 영원한 복을 내가 누리리 아멘

성찬 제정사 ‥‥‥‥‥‥‥‥‥‥‥‥‥‥‥‥‥‥‥‥ 집례자

사도 바울이 고린도전서 11장에서 행했던 바를 따라, 예수 그리스도께서 제정하신 성찬을 생각합시다.

"내가 너희에게 전한 것은 주께 받은 것이니 곧 주 예수께서 잡히시던 밤에 떡을 가지사 축사하시고 떼어 이르시되 이것은 너희를 위하는 내 몸이니 이것을 행하여 나를 기념하라 하시고 식후에 또한 그와 같이 잔을 가지시고 이르시되 이 잔은 내 피로 세운 새 언약이니 이것을 행하여 마실 때마다 나를 기념하라 하셨으니 너희가 이 떡을 먹으며 이 잔을 마실 때마다 주의 죽으심을 그가 오실 때까지 전하는 것이니라 그러므로 누구든지 주의 떡이나 잔을 합당하지 않게 먹고 마시는 자는 주의 몸과 피에 대하여 죄를 짓는 것이니라 사람이 자기를 살피고 그 후에야 이 떡을 먹고 이 잔을 마실지니 주의 몸을 분별하지 못하고 먹고 마시는 자는 자기의 죄를 먹고 마시는 것이니라"(고전 11 : 23 – 29).

권면의 말씀 .... **집례자**

주 안에서 사랑하는 자들이여, 지금 우리는 우리를 구원하신 그리스도의 몸과 피의 성찬을 받기 위해 모였습니다. 우리는 사도 바울이 고린도 교회 성도들에게 떡을 받고 잔을 마시기 전, 자기 자신을 애써 시험해 보고 살펴보도록 권면하였던 말씀을 숙고해 봅니다. 우리가 진정으로 참회하는 마음과 살아 있는 믿음을 가지고 성찬을 받는다면 여기에는 큰 유익이 있습니다. 우리가 영적으로 그리스도의 살을 먹고 그의 피를 마심으로써, 우리가 그리스도 안에 거하고, 그리스도가 내 안에 거하시며, 우리가 그리스도와 하나인 것같이 그리스도가 우리와 하나가 되십니다. 그러므로 주의 몸과 피를 합당치 않게 받게 되면 큰 위험이 있습니다. 주님의 몸을 분별하지 못하고 먹고 마시는 사람은 우리의 구원자이신 그리스도의 몸과 피를 범하는 죄를 짓는 것입니다. 그렇게 죄를 범하면, 하나님의 진노가 격동하게 되어 우리에게 죽음과 질병을 가져다주는 전염병이 일어나게 됩니다. 그러므로 만약 여러분 중 누구라도 하나님을 모독하는 자이거나, 하나님의 말씀을 훼방하거나, 성범죄를 범하거나, 죄악 중에 거하거나, 어떠한 중한 범죄를 저질렀

거든, 여러분의 죄를 뉘우치고 이 거룩한 식탁으로 나아오지 마십시오. 이 거룩한 성찬이 행해진 이후에도 사탄이 유다 안으로 들어갔던 것처럼 사탄이 당신 안으로 들어가서 육체와 영혼을 멸하는 일이 없도록 주의하십시오.

그러므로 형제들이여 주님으로부터 판단받지 않기 위하여 여러분이 자신을 스스로 돌아보십시오. 여러분의 과거의 죄에 대하여 진심으로 참회하고, 우리 구주 예수 그리스도 안에서 신실한 산 믿음을 가지십시오. 그리스도의 죽음과 수난의 공로에 의지하여 구원을 간구하며, 일평생 성도 간에 우애 있는 친교와 신령한 교제 가운데서 살아가려는 의지를 품고서 모든 원한이나 논쟁은 끊어 버리십시오. 우리 자신은 연약함과 비참함을 느낍니다. 우리의 믿음은 온전하지도 일정하지도 못하며, 우리의 부패한 본성으로 인해 하나님의 선하심을 신뢰하지 못합니다. 그리고 하나님을 섬기는 데 전적으로 헌신하지 못하였고, 우리에게 요구되는 의무인 하나님의 영광을 나타내는 일에 열심을 품지도 못했습니다. 우리 안에는 여전히 하나님을 반역하는 본성이 있기에 우리는 매일 육신의 정욕과 싸웁니다.

그러나 그럼에도 불구하고 우리 주님께서 우리를 긍휼히 여기셔서 우리 마음에 그리스도의 복음을 심어 주심으로, 우리가 절망과 불신에 빠지지 않도록 보호하십니다. 또한 주님께서는 우리에게 의지를 부여하시고, 주님의 정의를 갈망하고 주님의 명령을 준행하면서 우리의 정욕을 버리고 이를 거스르기를 원하십니다. 주님께서 우리를 그분의 영적 식탁으로 나아오도록 하시는 것을, 우리 안에 있는 불완전함이 더 이상 방해할 수 없음을 우리는 이제 확실히 압니다. 이것은 우리가 정직하다거나 우리의 삶이 의롭다는 말이 아니라, 우리는 진노와 저주의 자녀이었으나 예수 그리스도 안에서 생명과 온전함을 얻게 되었다는 의미입니다.

주님의 성찬은 모든 불쌍하고 병든 자들을 위한 유일한 치료약이며, 연약한 영혼들을 위한 넉넉한 도움입니다. 그리고 주님은 우리에게 다른 것을 요구하시지 않고 우리의 무력함과 불완전함을 인정하기 원하신다는 점을 기억합시다. 그럴 때에 우리는 그분의 공로와 가장 큰 유익을 힘입게 됩니다. (유익이라면 그의 육체와 피를 진정으로 먹고 마시는 것입니다.) 주님께서 빵과 포도주 안에 계신다거나 성물이 주님의 살과 피의 실체로 변화하는 것으로 여겨서 주님이 성찬에 몸으로 현존하신다고 봄으로써, 세상적인 썩어질 것들, 곧 우리가 현재 우리 눈으로 보고 우리의 손으로 느끼는 것들에 대해 생각하느라 우리 마음이 고통당하지 않게 하십시오. 우리의 영혼이 풍성함과 평안을 얻기 위한 유일한 길은, 세상적이고 감각적인 모든 것들로부터 떠나 믿음에 의해 우리의 마음을 드높이는 것이며, 그럼으로써 천국에 들어가서 우리가 그리스도를 찾고 그분의 참된 음식을 받는 것입니다. 천국에서 주님은 아버지의 무한하신 영광 안에서 완전한 하나님인 동시에 완전한 인간으로 계실 것이니, 그에게 영광과 존귀와 찬양이 이제로부터 영원까지 있을 것입니다. 아멘.

성찬기도 .... 집례자

권면의 말씀이 끝나면(성찬기도 전), 집례자는 성찬 식탁으로 자리를 옮기며, 세 줄로 나누어 앉아 있던 세 그룹의 회중들도 차례대로 자리에서 일어나 성찬 식탁으로 나온다. 이때 첫째 줄에 앉아 있던 회중 그룹은 성찬 식탁의 왼편에, 둘째 줄에 앉아 있던 회중 그룹은 성찬 식탁의 맞은 편에, 셋째 줄에 앉아 있던 회중 그룹은 성찬 식탁의 우편에 선다(첫째와 셋째 그룹은 서로 마주 보고 선다). 집례자와 세 그룹의 회중은 4각형의 대형을 갖추어 선다.

위로와 자비의 하나님 아버지, 모든 사람들은 하나님이 통치자이시요 주님이심을 알고 인정합니다. 하나님께서 우리로 하나님의 작품이 되게 하시어, 우리가 하나님의 형상대로 지음 받은 것에 대하여 언제나 하나님의 신성한 위엄을 찬송하며 경배하게 하셨나이다. 첫째로는 우리가 하나님의 형상대로 지음 받은 것에 대하여 찬송할 것이며, 무엇보다도 하나님께서는 사탄이 이끄는 영원한 죽음과 영벌에서 우리를 건져 주셨음을 찬송하나이다. 자비가 풍성하시며 그 선하심이 무한하신 하나님께서는 우리를 구원하시기 위해 사랑하는 외아들을 내어주셨습니다.
하나님께서는 하나님의 사랑 그 자체인 외아들을 죄는 없으시되 우리와 같은 사람으로 만드시사, 우리의 범죄로 인하여 형벌을 받게 하시고, 그의 죽으심으로 하나님의 공의가 충족되게 하셨으며, 그의 부활하심으로 사망의 권세를 깨트리셨습니다. 그럼으로써 아담의 후손들에게 허락되지 않았던 생명이 다시금 세상에 들어오게 하셨습니다. 주님, 아무에게도 하나님의 자비를 받을 만한 자격이 없음에도 하나님께서 자비를 보이시고자 완전하신 사랑을 베풀어 주셨사오나, 어느 누구도 그 길이와 넓이, 깊이와 높이를 측량할 수 없음을 고백합니다. 하나님께서는 죽음이 있던 곳에 생명을 주셨으며, 우리가 하나님의 공의에 오직 반역하기만 할 때에도 하나님의 은혜로 우리를 구원해 주셨습니다. 주님, 우리의 부패한 본성에서 말미암은 어리석음이, 하나님의 풍성하신 은혜로부터 우리를 멀어지게 할 수 없습니다.
구주 예수 그리스도의 명령에 따라, 우리에게 자유와 생명이 주어졌음을 온 세상에 선포하기 위하여, 우리는 다시 오실 때까지 죽으심을 기억하게 하실 주님의 식탁에 나아왔습니다. 오직 그리스도로 인해 하나님께서는 우리를 하나님의 자녀요 상속자로 인정해 주시고, 오직 그리스도로 인해 우리가 하나님의 은혜의 보좌로 들어갈 수 있게 되었으며, 오직 그리스도에 의해 우리가 영적 왕국에 들어가 그분의 식탁에서 먹고 마실 수 있습니다. 그리고 그분과 함께, 오늘 우리는 천국에서 함께 교제하며, 주님의 능력에 힘입어 우리의 몸이 티끌 가운데서 들어 올려져서 주님의 끝없는 사랑 안에서 함께 할 것입니다. 이는 세상에 기초가 놓이기 전에 하나님의 택하심 가운데 예비된 것입니다. 그리고 이 측량 못할 은혜는 오직 하나님께서 사랑하시는 외아들 예수 그리스도에 의해서 하나님의 자유로우신 은혜와 자비 가운데 주어진 것임을 알고 고백합니다. 그러므로 우리 하나님의 성도들은 성령의 감화를 받아 하나님께 모든 감사와 찬양과 영광을 세세무궁토록 돌리옵니다. 아멘.

분병과 참여 .... 집례자와 회중

1. 집례자 : 떡을 뗌
2. 성찬위원과 세 그룹의 회중 : 네 개의 떡에 참여

분병을 위한 수난사 낭독

"예수께서 이르시되 나는 생명의 떡이니 내게 오는 자는 결코 주리지 아니할 터이요 나를 믿는 자는 영원히 목마르지 아니하리라"(요 6 : 35).

"진실로 진실로 너희에게 이르노니 믿는 자는 영생을 가졌나니 내가 곧 생명의 떡이니라 너희 조상들은 광야에서 만나를 먹었더도 죽었거니와 이는 하늘에서 내려오는 떡이니 사람으로 하여금 먹고 죽지 아니하게 하는 것이니라 나는 하늘에서 내려온 살아 있는 떡이니 사람이 이 떡을 먹으면 영생하리라 내가 줄 떡은 곧 세상의 생명을 위한 내 살이니라 하시니라"(요 6 : 47-51).

"너희는 누룩 없는 자인데 새 덩어리가 되기 위하여 묵은 누룩을 내버리라 우리의 유월절 양 곧 그리스도께서 희생되셨느니라 이러므로 우리가 명절을 지키되 묵은 누룩으로도 말고 악하고 악의에 찬 누룩으로도 말고 누룩이 없이 오직 순전함과 진실함의 떡으로 하자"(고전 5 : 7-8).

분잔과 참여 ································· 집례자와 회중

1. 집례자 : 잔을 따름
2. 성찬위원과 네 그룹의 회중 : 네 개의 잔에 참여

분잔을 위한 수난사 낭독

"우리는 그리스도 안에서 그의 은혜의 풍성함을 따라 그의 피로 말미암아 속량 곧 죄사함을 받았느니라 이는 그가 모든 지혜와 총명을 우리에게 넘치게 하사 그 뜻의 비밀을 우리에게 알리신 것이요 그의 기뻐하심을 따라 그리스도 안에서 때가 찬 경륜을 위하여 예정하신 것이니 하늘에 있는 것이나 땅에 있는 것이 다 그리스도 안에서 통일되게 하려 하심이라"(엡 1 : 7-10).

"무릇 하나님께로부터 난 자마다 세상을 이기느니라 세상을 이기는 승리는

이것이니 우리의 믿음이니라 예수께서 하나님의 아들이심을 믿는 자가 아니면 세상을 이기는 자가 누구냐 이는 물과 피로 임하신 이시니 곧 예수 그리스도시라 물로만 아니요 물과 피로 임하셨고 증언하는 이는 성령이시니 성령은 진리니라 증언하는 이가 셋이니 성령과 물과 피라 또한 셋은 합하여 하나이니라"(요일 5 : 4-8).

"너희가 알거니와 너희 조상이 물려준 헛된 행실에서 대속함을 받은 것은 은이나 금같이 없어질 것으로 된 것이 아니요 오직 흠 없고 점 없는 어린 양 같은 그리스도의 보배로운 피로 된 것이니라"(벧전 1 : 18-19).

성찬 후 기도 ·· **집례자**

자비로우신 하나님 아버지, 우리를 그리스도와의 교제 가운데로 들어오게 하시고자 이 비참한 죄인들에게 완전하신 선물을 주심에, 그리고 우리에게 필요한 양식이요, 영원한 생명으로 인도하는 양분으로써 우리에게 그분을 주심에 찬양과 감사와 영광을 돌리옵나이다. 하나님 아버지, 우리가 그 고귀한 은혜를 잊어버리는 무정한 자들이 되지 않기를 간구합니다. 우리가 그 은혜를 마음에 새겨서, 선한 방식에 따라 훈련된 참된 믿음 안에서 우리가 날마다 성장하게 하시고, 이 위험한 시대와 사탄의 격분 가운데서도 우리를 견고케 하여 주시옵소서. 하나님의 영광이 모든 만물 위에 영원히 있사오며 예수 그리스도의 이름으로 기도하옵나이다. 아멘.

찬 송 ············ **"나 맡은 본분은"(찬송가 595장)** ·········· **다 같이**

1. 나 맡은 본분은 구주를 높이고 뭇 영혼 구원 얻도록 잘 인도함이라
2. 부르심 받들어 내 형제 섬기며 구주의 뜻을 따라서 내 정성 다하리
3. 주 앞에 모든 일 잘 행케 하시고 이후에 주님 뵈올 때 상 받게 하소서
4. 나 항상 깨어서 늘 기도드리며 내 믿음 변치 않도록 날 도와주소서 아멘

축 도 ······························· 집례자

여호와는 네게 복을 주시고 너를 지키시기를 원하며 여호와는 그 얼굴로 네게 비추사 은혜 베푸시기를 원하며 여호와는 그 얼굴을 네게로 향하여 드사 평강 주시기를 원하노라 할지니라. 아멘.

평화의 교제 ········ "사랑의 나눔 있는 곳에" ············ 다 같이

"사랑의 나눔 있는 곳에" 노래를 반복해서 부르면서 서로 간에 평화의 인사와 사랑의 격려를 나눈다.

‖ : 사랑의 나눔 있는 곳에 하나님께서 계시도다 : ‖

－장로회신학대학교 김경진 교수 제공－

저자 손달익 목사는 영남신학대학교와 장로회신학대학교 신학대학원을 거쳐 이스라엘의 히브리대학, 아테네대학 등에서 역사와 고고학을 공부했고, 필리핀 West Negros 대학교에서 명예 인류학 박사학위를 취득했다. 현재 서문교회 담임목사로 시무 중이며, 대한예수교장로회총회에서 제97회 총회장으로 지역교회는 물론 세계교회와 한국교회를 위해서 헌신하고 있다.

저자 조주희 목사는 장로회신학대학교, 신학대학원을 거쳐 Fuller Theological Seminary(D. Min.)에서 공부했다. 현재 성암교회 담임목사로 시무 중이며, 교회의 건강한 변화와 지역사회를 위한 교회의 역할에 있어서 좋은 모델을 보여 주고 있다.

소그룹 예배학교

초판발행 2013년 6월 7일
4쇄발행 2024년 3월 15일

지 은 이 손달익, 조주희
펴 낸 이 진호석
펴 낸 곳 한국장로교출판사
주 소 03128 서울특별시 종로구 대학로3길 29, 신관 4층(연지동, 총회창립100주년기념관)
전 화 (02) 741-4381 / 팩스 (02) 741-7886
영 업 국 (031) 944-4340 / 팩스 (02) 944-2623
등 록 No. 1-84(1951. 8. 3.)

ISBN 978-89-398-0473-9 / Printed in Korea
값 5,000원

책임편집 정현선 **편 집** 원지현 오원택 **디자인** 남충우
경영지원 박호애 **마 케 팅** 박준기 이용성 성영훈 이현지

Memo

Memo

Memo